AF563118

ars
vobiscum
medien
haus

Vincent.
Der Fall Aurich

Dr. Christian Knoche

Vincent. Der Fall Aurich

Dr. Christian Knoche

Dieses Buch ist auch als E-Book erhältlich.

1. Auflage

Herausgeber:
ars vobiscum Media e. U.
Oberhofen 7, 4894 Oberhofen am Irrsee

Satz: ars vobiscum Medienhaus

Coverdesign: ars vobiscum Medienhaus

ISBN 978-3-903479-14-2 (Paperback)

ISBN 978-3-903479-15-9 (eBook)

Druck und Bindung:

Plureos - Bad Hersfeld, Künster-Druck GmbH Andernach-Miesenheim

Printed in Germany

**Vom langen Weg zum Recht
in Zeiten des Unrechts.**

Inhalt

Vorwort

von Stefan Dunkmann

„Die Presse muss die Freiheit haben, alles zu sagen, damit gewissen Leuten die Freiheit genommen wird, alles zu tun.“ Louis Terrenoire (1908-1992).

Es war einer dieser komischen Tage der aufkommenden Corona-Hysterie. Mein Telefon im Büro klingelte und eine sehr aufgewühlte junge Mutter schilderte am Telefon, was ihrem 9-jährigen Sohn Vincent in der Waldorfschule in Aurich passiert war. Vincent war ohne Einverständnis der Mutter während des Unterrichts auf Corona zwangsgetestet worden und schien durch diesen Vorfall sehr verstört zu sein. Meine erste Reaktion war: „Das kann nicht sein. Die Schule ist ein Schutzraum, so etwas findet in einer deutschen Schule nicht statt.“ Ich sollte eines Besseren belehrt werden. Nach einem Telefonat mit meinem Kameramann Jürgen Wieckmann, von 1980-1985 selbst dpa-Mitarbeiter, entschied ich, dass wir bei AURICH.TV diese Sache öffentlich machen und ein paar unangenehme Fragen in den Raum stellen. So entstand die erste Sendung zu diesem Thema. Mein Vater Frank-Michael, selbst Chefredakteur bis zu seinem Tod 1984, hatte mir in die journalistische Wiege gelegt auch keine Angst vor den heißen Eisen zu haben und immer daran zu denken, dass die Wahrheit das größte Gut sei und Unrecht immer ans Tageslicht gezogen gehört. Unsere erste Sendung zum Thema entstand, immer noch mit vielen „es soll“, „es wird angenommen“ usw. Wir waren eher vorsichtig.

Natürlich hatte ich meine Recherchen gemacht, hatte mit einigen Leuten gesprochen und Informationen gesammelt und geprüft. Natürlich alles unter dem „Informantenschutz“, der für einen Journalisten heilig ist. Vincents Mutter hatte mich an die behandelnde Ärztin verwiesen, diese von der Schweigepflicht befreit und ich hatte die Gelegenheit erhalten eine tolle und den Menschen zugewandte Medizinerin kennen lernen zu dürfen.

Und dann passierte genau das, was ich erwartet hatte. Plötzlich waren wir bei AURICH.TV Schwurbler, Corona-Leugner, Aluhut-Träger, Wahrheitsverdreher, Lügner, Nazis und wer weiß was alles. Der NDR widmete uns sogar einen ausführlichen „Vernichtungsversuch“ in seinem Medienmagazin ZAPP[1] und dennoch haben wir keinen Augenblick gezweifelt an der Richtigkeit der Fakten und an der Notwenigkeit unseres Tuns. Ein Journalist braucht auch eine breite Brust. Mittlerweile ist es ein offenes Geheimnis: Die Corona-Politik ist auf ganzer Linie ein Fehlschlag, der entstandene Schaden offenkundig. Wohl auch deshalb weigern sich die Verantwortlichen in Politik und Medien, sich der Aufarbeitung zu stellen. Das ist nachvollziehbar. Peter Hahne, lange Zeit „das Gesicht“ des ZDF, gab zu Protokoll was er am Ende dieser Aufarbeitung hofft: „Ich will Handschellen klicken hören“, sagte er in unzähligen Gesprächsformaten außerhalb der öffentlich-rechtlichen Medienblase. Das vorliegende Buch von Dr. Christian Knoche dürfte im Rahmen einer sehr detaillierten und juristisch fundierten Beweisaufnahme dazu ein weiterer Beitrag sein. Ob und bei welchen Verantwortungsträgern am Ende des Tages die Handschellen klicken werden, wird die Zukunft zeigen. Unser

1 Vgl. dazu das Video von AURICH.TV vom 29.10.2020: https://youtube.com/watch?v=g_T_NmMIRz0&si=Y77fRwCtS6EeXond , abgerufen am 05.01.2024.

Internet-Blog AURICH.TV hat den von Dr. Knoche engagiert vertretenen „Fall Aurich" von Anfang an medial begleitet. Das war zunächst einmal, wie eingangs erwähnt, schlichtes journalistisches Handwerk. Die hiesige Lokalpresse hatte sich der regierungsamtlichen Nachrichtengebung verschrieben. Umso mehr hielten wir es deshalb für erforderlich, eher regierungskritische Tendenzen zu publizieren. Das Ergebnis war durchaus bemerkenswert. Als kleiner Internet-TV-Sender, der mit zwei Leuten eher als Freizeitprojekt realisiert wird, erzielten wir bundesweite Abrufquoten, bei denen wir zunächst vermuteten, dass die Klickzahlen auf Social Media fehlerhaft sind. Eine „Verschwörungstheorie", die sich jedoch bald als unzutreffend erwies. Das bemerkten wir vor allem durch eine regelrechte Hetzkampagne gegen unsere Nachrichtengebung vor Ort. Die links-grün orientierten Stadtratsfraktionen zwangen die Stadt Aurich für erhebliches Steuergeld ein Gutachten in Auftrag zu geben, in welchem festgestellt werden sollte, dass wir nicht mit dem Namen unserer Stadt als „AURICH.TV" arbeiten dürfen. Das in Auftrag gegebene Gutachten kam schließlich zu dem Schluss, dass uns der Name AURICH.TV nicht verboten werden kann und wir natürlich journalistisch als Meinungskanal unterwegs sind[2].

In dieser vor allem auch medial inszenierten Corona-Hysterie offenbarte sich praktisch, dass die Medienwelt in eine gefährliche Schieflage geraten ist. Die Gesellschaft räumt uns Medienleuten bekanntlich viele Privilegien ein. Diese sind allerdings vor allem an eine kritische Nachrichtengebung der jeweils herrschenden Regierungsmacht gebunden.

Fälschlicherweise nennt man uns Medien die vierte Macht im Staate. Dies ist eine Anmaßung, die in unserer Verfassung nicht verankert ist. Die staatliche Gewaltenteilung kennt nur

2 Öffentliche Informationsvorlage „Rechtsgutachten zu Aurich TV" für den Rat der Stadt Aurich vom 14.03.2022 (Vorlagen Nr. 22/062).

drei, die Judikative, die Exekutive und die Legislative. Eine Mediative ist nicht vorgesehen.

Diese selbsternannte „Mediative" betrieb massenhafte Regierungspropaganda und nicht nur das. Erinnerungen an die Stasi wurden wach: Oppositionelle Nachrichtengebung wurde verfolgt, zensiert und versucht mundtot zu machen. Das allerdings ist nicht wirklich gelungen – im Gegenteil. Die Medienwelt wird sich dennoch nicht dem Vorwurf entziehen können, erheblich die Corona-Politik und ihre katastrophalen Folgen mitgetragen zu haben.

Die gute Nachricht lautet: Dank dieses politisch-medialen Versagens ist eine neue Medienwelt entstanden, vor allem auch deshalb, weil sich die Menschen von den Etablierten abgewendet haben. Schon längst erreichen jene alternativen Medien mehr Zuhörer, Leser und Zuschauer als etwa der mit Steuergeld und Zwangsabgaben finanzierte Staatsfunk.

Neben diesem Niedergang der alten Medienwelt gibt es noch eine weitere sehr erfreuliche Entwicklung. Auch wenn der „Fall Aurich" bundesweite und an einigen Stellen sogar internationale Beachtung fand – das Wesentliche spielt sich im Lokalen ab, dort, wo die Geschehnisse real erlebt und gesehen werden.

Und noch etwas scheint sich abzuzeichnen. Das gute alte Buch kommt wieder zu Ehren. In der digitalen Welt lassen sich regierungskritische Publikationen per Knopfdruck leicht zensieren. Doch mit Büchern auf dem Datenträger Papier geht das nicht so einfach. Das gilt auch für das vorliegende Buch von Dr. Christian Knoche. Detailreich wird darin der Fall Aurich in einer Weise aufbereitet, wie es eben nur in einem guten Buch möglich ist. Und es wird selbst irgendwann in die Geschichte eingehen als Zeugnis einer Zeit, die außer Rand und Band geraten war.

Carl Andreas Hilty, ein Schweizer Staatsrechtler (1833 –1909), soll geschrieben haben, Bildung käme nicht vom Lesen, sondern vom Nachdenken über das Gelesene. Eben dies ist sicher auch die Intention des Autors – unabhängig davon, ob und wann bei welchen Verantwortlichen dieser Corona-Geschichte laut Peter Hahne schließlich die Handschellen klicken werden.

Stefan Dunkmann

(AURICH.TV)

Aurich im Frühjahr 2024

Prolog

Schreiben, schreiben, schreiben. Der „Fall Aurich" sollte aufgeschrieben werden und der Nachwelt erhalten bleiben. Wie lange habe ich dafür Zeit. Nicht sehr viel, denn die Zeit dafür ist endlich und sie ist schnelllebig. Also beeile ich mich, die Geschichte von Vincent zu erzählen. Es ist die außergewöhnliche Geschichte eines außergewöhnlichen Kindes.

Ebenso außergewöhnlich ist die gesellschaftliche Lage, in der sich diese Geschichte von Vincent ereignet. Es ist die Corona-Zeit der Jahre 2020 bis 2023. Angetrieben von einem Strategiepapier aus dem Bundesinnenministerium soll in der deutschen Öffentlichkeit eine infame Schockwirkung erzielt werden, die auch und vor allem die Kinder betrifft[3]. In dem Papier, das nur auf Umwegen in die Öffentlichkeit gelangt ist, heißt es unter anderem:

> *„Um die gewünschte Schockwirkung zu erzielen, müssen die konkreten Auswirkungen einer Durchseuchung auf die menschliche Gesellschaft verdeutlicht werden:*
>
> *(...)*
>
> *2) ‚Kinder werden kaum unter der Epidemie leiden.' Falsch. Kinder werden sich leicht anstecken, selbst bei Ausgangsbeschränkungen, zum Beispiel bei den Nachbarskindern. Wenn sie dann ihre*

---

3 abgeordnetenwatch.de „VS-NUR FÜR DEN INTERNEN DIENSTGEBRAUCH. Wie wir Covid-19 unter Kontrolle bekommen", Seite 13. https://www.abgeordnetenwatch.de/sites/default/files/media/documents/2020-04/bmi-corona-strategiepapier.pdf, abgerufen am 05.01.2024.

> *Eltern anstecken, und einer davon qualvoll zu Hause stirbt und sie das Gefühl haben, Schuld daran zu sein, weil sie zum Beispiel vergessen haben, sich nach dem Spielen die Hände zu waschen, ist es das Schrecklichste, was ein Kind je erleben kann“.*

Es dauert nicht lange, bis - darauf aufbauend - zutiefst menschenverachtende Äußerungen wie diese im deutschen Fernsehen salonfähig werden:

> *„Was die Ratten in der Zeit der Pest waren, sind Kinder zurzeit für Covid-19: Wirtstiere. Ständig infizieren sie sich mit irgendwelchen Viren, und was machen die unverantwortlichen kleinen Halbmenschen dagegen? Nix! Setzen sich jeden Tag in eiskalte Klassenräume“*[4].

Sie lesen richtig: Das Quälen von Kindern („unverantwortliche Halbmenschen“) wird plötzlich zum Alltag, ja es wird planvoll auf die Tagesordnung gehoben von enthemmten und vom eigenen Volk abgehobenen Politikern, angetrieben von finanz- und politikabhängigen Massenmedien (vorrangig ARD und ZDF) und zwangsweise umgesetzt von angepassten staatlichen Behörden und einer mitmachenden und nicht mehr unabhängigen Justiz. Die Geschichte von Vincent ist ein kleiner Ausschnitt aus dieser Zeit.

„Für den, den es angeht[5]“, lautet ein juristischer Satz. An sich geht es uns alle an, da wir alle diese Corona-Jahre 2020 bis 2023 erlebt haben. Es gibt unendlich viele, die diese Jahre in dem Bewusstsein und in der Gewissheit erlebt haben, dass alle Corona-Maßnahmen, insbesondere gegen unsere Kinder, staatliches Unrecht waren. Und das ist noch harmlos formuliert. Ich weiß, es sind viele, unendlich viele Menschen, große und kleine, Erwachsene und vor allem Kinder mit Herz und großer Empathie, die genauso empfinden. Das macht es

4 Jan Böhmermann im ZDF Magazin Royal am 28.01.2022.

5 Offenkundigkeitsprinzip des § 164 Abs. 1 BGB.

leicht, zumindest denen, die lieben und noch lieben können, die Endlichkeit und Unendlichkeit verstehen, diese Geschichte von Vincent zu erzählen. Viele haben seine Geschichte vermutlich sofort im September 2020 verstanden. Viele verstehen sie gewiss in all ihren Facetten. Ich danke ihnen sehr dafür, auch für die zahlreiche Unterstützung beim Verfassen dieses Buches.

Doch was ist mit der anderen Seite, der Mehrheit oder „den anderen“, wie sie auch genannt werden? Was ist mit all den früheren „Freunden“? Was ist mit den früheren Freunden Jan und Christine, Jürgen und Angela, Karl und Annegret, Gerd und Heidrun, der eigenen Schwester, vielleicht voller Angst in den letzten drei Jahren, dem Schulfreund, vielleicht heißt er David und lebt an der Weser im ländlichen Südniedersachsen oder an der Elbe in Hamburg, was ist mit Chefarzt Dr. X. und dem Präsidenten Dr. Y., mit den Herren Scholz und Schröder oder nennen wir sie alle vereinfacht „die Schulzes“, mit Herrn Dr. W. ., mit Ministerpräsidenten Stephan Weil[6] aus meiner Heimatstadt Hannover? Verstehen auch sie die Geschichte des kleinen Helden Vincent?

Thomas Oppermann, wäre er noch unter uns[7], hätte diese Frage verstanden. Sicherlich schreibe ich von Vincent auch

---

6 Stephan Weil, geb. am 15.12.1958 in Hamburg. Wir kennen uns persönlich aus dem gemeinsamen Jura-Studium in Göttingen.

7 Der seit 2017 amtierende Vizepräsident des Deutschen Bundestages Thomas Oppermann (geb. 27.04.1954) verstarb im Alter von 66 Jahren überraschend am 25. Oktober 2020. Thomas Oppermann war nach ZDF-Angaben zum Thema „Bundestag und Corona“ als Live-Interviewgast in die Sendung „Berlin direkt“ eingeladen. Er sollte aus dem Göttinger Max-Planck-Institut in die Sendung geschaltet werden. Während der erste Beitrag in der Sendung gelaufen sei, ist er plötzlich zusammengebrochen. Thomas Oppermann ist dann in die Universitätsklinik Göttingen transportiert worden (Göttinger Tageblatt 25.10.2020).
Vgl. auch Video 30.10.2020: Thomas Oppermann ist tot; er lebt in seinen Worten (Dr. Knoche mit Dr. Langhans): https://www.youtube.com/watch?v=YdOBKrX-RO .
Oder: https://odysee.com/@doktorlanghans:6/30-10-2020-thomas-oppermann-ist-tot-er:0 , beide abgerufen am 05.01.2024.

für Thomas, für meinen besten Freund über eine lange Zeit während unseres gemeinsamen Studiums in Göttingen. Er hat seine vier Kinder nie gequält. Dessen bin ich mir sicher. Aber wie lautet beispielsweise die Antwort auf meine Frage von Stephan Weil. Immerhin war er der Trauzeuge meiner ersten standesamtlichen Eheschließung im hessischen Borken-Kerstenhausen[8] im April 1985 und ein langjähriger Wegbegleiter. Doch das ist sehr lange her.

Was ist das für eine merkwürdige Frage, werden viele dieser früheren „Freunde" möglicherweise wie die Oberlehrer des Betreuten Denkens einwenden. „Wir haben es nicht besser gewusst", lautet vielleicht eine ihrer Antworten, die wahrscheinlich denkbar einfachste, aber auch die dümmste Antwort. Denn sie hätten es im Zeitalter der Informationstechnik alle wissen können und müssen. Ein einfacher Klick auf alternative Suchmaschinen und jeder wäre über die Hintergründe fündig geworden, wie planvoll die Corona-Krise zu Lasten unserer Kinder orchestriert wurde[9].

Die kategorischste Antwort auf meine Frage kommt gewiss von den Behörden und der Justiz: „Solche Fragen sind nicht erlaubt", denn Exekutive und Judikative mussten letztlich den feststehenden Plan umsetzen. Dazwischen liegt die gesamte Bandbreite des Mitläufer- und Denunziantentums.

Mir ist bewusst, kritische Fragen an die Verantwortlichen des Narrativs zu stellen, ist höchstwahrscheinlich ein untauglicher Versuch, gleichsam wie ein Schrei in das berühmte Nirwana, aus dem kein Echo zurückkommt, zu gespalten sind die beiden Lager in dieser Zeit. Dennoch möchte ich mit dem „Fall Aurich" den Versuch unternehmen, beide Seiten („Lager") gleichermaßen anzusprechen, auch „Freunde" aus früheren

8 Kerstenhausen ist ein Stadtteil von Borken im Schwalm-Eder-Kreis (Nordhessen). Am südlichen Ortsrand fließt die Schwalm vorbei.

9 Vgl. dazu Fußnote 3.

Zeiten. Ich möchte sie einladen, ein Stück mitzufahren in dem Karussell des Lebens eines wertvollen Kindes.

Letztendlich, liebe Leser, waren es nicht nur enthemmte Politiker und bezahlte Medien, die die Kinder vergessen, missachtet und gedemütigt haben. Erinnern wir uns an die vielen Mitläufer, an die Schulleiter, an das Versagen der Lehrer und an die Eltern, die ihre Kinder mit Masken, Tests, Abstand und Impfung grausam gequält haben, die eine mehr, der andere vielleicht sogar sehr viel mehr. „Lisa, meine Güte, ich kann Dein Lachen hinter dieser Maske nicht mehr sehen", erinnere ich mich an ein Gespräch mit einer Sechsjährigen im Beisein ihrer Mutter in unserer Stadt[10]. Das Kind hatte eine selbstgenähte Maske hoch über Mund und Nase gezogen. Vermutlich hatte die Mutter die Maske genäht oder besorgt, wer sonst. Die aufgerissenen Augen des Kindes schauten mich fragend an.

Man hat auch Vincent versucht zu quälen. In erster Linie waren es diese Mitläufer in den drei Jahren. Doch Vincent und seine Geschichte stehen über den Dingen des Alltags. Er hat sich nichts gefallen lassen. Deshalb ist seine Geschichte auch außergewöhnlich. Sie zu erzählen ist für mich Ansporn und Aufklärung zugleich. Über Vincent zu berichten ist ein kleines Puzzlestück einer anderen Wahrheit aus den Jahren 2020 bis 2023, die es Gott sei Dank auch gab. Es liegt jetzt an Ihnen, Sie entscheiden, ob Sie weiterlesen möchten.

Seine Geschichte beginnt und endet in Ostfriesland.

Sie hat für mich unweigerlich einen biographischen Teil. Der „Fall Aurich", so wie er hier aufgeschrieben ist, hat eigene biographische Wurzeln, dessen bin ich mir heute sicher. Sonst hätte mich ausgerechnet dieser eine einzige Fall, der sich dazu auch noch in Ostfriesland zuträgt, fernab von meinem neuen Zuhause (Nordhessen und Namibia), gegenüber den

---

10 Hofgeismar, eine deutsche Kleinstadt im nordhessischen Landkreis Kassel mit knapp 16.000 Einwohnern.

knapp 10.000 anderen Fällen, die ich als Rechtsanwalt in 34 Berufsjahren[11] bislang zu lösen hatte, nicht derart gefesselt und tief beeindruckt. Deshalb erlaube ich mir an dieser Stelle eine Besonderheit.

Biographisches

Am 5. August 1929 wurde mein Vater in Leer geboren, fast 100 lange Jahre ist es her, Leer im „platten" Ostfriesland. Tatsächlich ist Ostfriesland platt (wer es versteht). Mein Großvater ist zu dieser Zeit [1929] evangelischer Pastor an der Lutherkirche in Leer[12]. Später, in den 12 Jahren des Nationalsozialismus, wird er Mitglied der Bekennenden Kirche. Nach Großvaters Verhaftung und nach längerer Inhaftierung entkommt er dank guter Freunde in Ostfriesland nur knapp der Deportation in ein Lager. Später in der Familie erzählt er uns von Dietrich Bonhoeffer[13], den er persönlich kennt. Bonhoeffers Gedicht aus dem Jahr 1944 *„Von guten Mächten wunderbar geborgen, erwarten wir getrost, was kommen mag"*[14] wird sein Leit- und Lebensmotiv und ein großer Wert unserer

11 Zugelassen zur Anwaltschaft am 17.11.1989 durch den damaligen Präsidenten des Landgerichts Kassel.

12 Die Lutherkirche Leer (Ostfriesland) wurde 1675 als Barockkirche gebaut, später mehrfach erweitert und im Grundriss zu einer Kreuzkirche ausgebaut. Überregionale Bekanntheit hat die Orgel von Jürgen Ahrend erlangt.

13 Dietrich Bonhoeffer (* 4. Februar 1906 in Breslau; † 9. April 1945 im KZ Flossenbürg) war ein lutherischer Theologe und profilierter Vertreter der Bekennenden Kirche. Er war am deutschen Widerstand gegen den Nationalsozialismus beteiligt.

14 „Von guten Mächten treu und still umgeben" ist ein geistliches Gedicht des evangelischen Theologen und NS-Widerstandskämpfers Dietrich Bonhoeffer. Verfasst im Dezember 1944 in der Gestapo-Haft, ist es Bonhoeffers letzter erhaltener theologischer Text vor seiner Hinrichtung am 9. April 1945.

alten Familie. Seine Erlebnisse recherchiere ich Jahrzehnte später genauer. Meinen Vater kann ich dazu nicht mehr befragen. Er hat sich im Januar 1981 im eigenen Pfarrhaus in Hannover das Leben genommen. Er hat sich dort verzweifelt erhängt. Meine arme Mutter fand ihn dort leblos auf. Die wichtigste Quelle ist Christiane, die jüngste Tochter meiner Großeltern, die heute noch in Südamerika im nördlichen Peru in Chiclayo lebt. Diese Geschichte meines Großvaters und die meines Vaters zu erzählen, füllt ein weiteres Buch, an dem ich möglicherweise bald schreiben werde. Bislang habe ich „nur" Großvaters Mobiliar gesichert, das sich heute fast vollständig bei mir befindet, der alte knarrende Bücherschrank, die Wanduhr, die sechs alten Esszimmerstühle und vor allem die Eichentruhe mit ihren schweren Griffen und Eisenbeschlägen, die seit 1775 im Familienbesitz ist. Auch Großvater und mein Vater haben sich nichts gefallen lassen.

Also wird es kein Zufall sein, dass ich Jahrzehnte später Vincent treffe. Auch er ist in Leer in Ostfriesland geboren. Auch sein Vater hat sich auf tragische Weise das Leben genommen. Und so beginne ich am 1. Advent 2022 mit meinen Aufzeichnungen zum „Fall Aurich" und beende sie irgendwann in Namibia.

Soeben an diesem 1. Advent habe ich im Zuge der Verkleinerung meiner Anwaltskanzlei aus Platzgründen meine Sammlung der Neuen Juristischen Wochenschrift (NJW) [15] abgegeben. Meine Kollegin Katja hat die Bücher abgeholt. Katja stammt aus dem Osten der Republik. Ihr Kleinbus ist nach kurzer Zeit bis an den Rand gefüllt mit 70 Jahren gesammelter deutscher und internationaler Rechtsgeschichte, mit knapp 200 in Handarbeit gebundenen und kiloschweren Bänden durchgehend von 1953 bis zum Jahr 2022. Es fiel mir nicht leicht. Doch die engagierte

15 Die Neue Juristische Wochenschrift (NJW) ist die auflagenstärkste Zeitschrift für die juristische Theorie und Praxis in Deutschland und wird vor allem von Rechtsanwälten, Notaren, Richtern, Rechtspflegern, Rechtsreferendaren und Studenten der Rechtswissenschaft gelesen.

Kollegin weiß sehr gut damit umzugehen. Ich danke ihr sehr für die besonderen Wertschätzung dieser Bücher. In der NJW wurde schon immer und wird auch weiterhin alles rechtlich Wesentliche niedergelegt. Vielleicht schafft es auch Vincent in die NJW der nächsten Zeit. Verdient hätte er es. Ein Grund mehr, heute mit meinen Aufzeichnungen zu beginnen.

TEIL I: ERLEBNISSE EINES NEUNJÄHRIGEN

Vincent

Endlich finde ich mehr freie Zeit für meine Gedanken, Zeit um die Geschichte von Vincent aufzuschreiben, der Nachwelt zu erhalten. Denn es ist eine besondere Geschichte. Es ist die tragische, aber im Ergebnis großartige Geschichte eines Kindes im Strudel der scheinbar modernen Welt, die aus den Fugen geraten ist.

Vincent ist eine echte Ausnahme in der heutigen Zeit. Er ist nicht so, wie viele andere Kinder und Jugendliche vor dem TV oder dem Smartphone. Vincent ist mehr. Vincent ist ein Licht im Dunkel dieser Jahre 2020 bis heute. Das war er auch vorher schon. Er ist ausgesprochen musikalisch und spielt Gitarre. Heute ist er Feuerwehrmann in der Jugendfeuerwehr. Fußball ist seine Leidenschaft, seitdem er laufen kann. Das ist für sich genommen nichts Außergewöhnliches. Viele in seinem Alter musizieren mit der Gitarre und spielen mit Leidenschaft Fußball.

Und dennoch ist Vincent ein Held. Denn seine Geschichte ist das, was ihn außergewöhnlich macht. Er war zumindest drei Jahre ein Träger rechtlicher Zeitgeschichte. Seine rechtliche und tatsächliche Geschichte steht stellvertretend für die Sorgen und das Leid unzähliger Schulkinder in den Jahren 2020 bis 2023.

Geboren ist Vincent im Februar 2011 in Leer (Ostfriesland). Mit gerade einmal dreieinhalb Jahren steht Vincent am Sarg seines Vaters. Es ist Herbst 2014. Er kann nicht weinen. Das wird später kommen. Ungewöhnlich gefasst verabschiedet er sich von dem toten Vater. Er will das genau wissen und bittet seine Mutter, den Leichnam anzufassen, ob er wirklich kalt ist. Vincent wirkt außergewöhnlich ruhig. Aber Vincent ist auch wütend auf seinen Vater. Weshalb geht er so früh auf einen unbekannten Weg, weshalb auf diese Weise, weshalb lässt ihn der Vater allein auf der Welt zurück.

Alle diese Fragen wird ihm später Julia beantworten. Julia ist die Mutter von Vincent. Sie lässt nichts unversucht, das fürchterliche Geschehen aufzuarbeiten.

Vincents Vater muss verzweifelt gewesen sein. Zunächst fährt er im März 2013 mit hohem Tempo und in Suizidabsicht sein Auto gegen einen Baum. Es war eine jahrhundertealte ostfriesische Eiche. Er überlebt fast unverletzt. Von dem PS-starken Auto bleibt nur noch ein Schrotthaufen. Ein Jahr später folgt dann die schreckliche Gewissheit: Im Herbst 2014 finden ihn Polizeibeamte tot in seiner Wohnung. Selbstmord mit einer Tauchermaske nach Einatmen von Gas aus einer Gasflasche. Die Anleitung dazu hat er sich aus dem Internet bestellt.

Julia ist jetzt nur noch ein Schatten ihrer selbst. Gerade war sie noch dabei, den brutalen Banküberfall aufzuarbeiten, dessen Opfer sie als Bankangestellte im März 2014 wurde. Die Zeitungen titelten damals „Täter auf der Flucht: Sparkasse in Hollen überfallen“. Mit einem Messer als Waffe erbeutete der Täter mehrere Hundert Euro. Mehr war es tatsächlich nicht. Die Polizei suchte nach Zeugen. Der Täter wird gefasst und später zu einer langen Haftstrafe verurteilt.

Vincent bleibt von alledem nichts unverborgen. Er hat seiner Mutter bereits nach dem Banküberfall nach Kräften zur Seite gestanden und sie immer wieder getröstet. Und jetzt ist ausgerechnet sein Vater gegangen. Der Dreijährige sucht auf seine Art nach den Gründen für die schrecklichen Geschehnisse der letzten Monate.

Julia wendet sich an Beratungsstellen, ihr zu helfen. Sie beauftragt eine Kinderpsychologin. Ihr wird bestätigt und bekräftigt, offen und ehrlich mit all dem Geschehen umzugehen. Diesen

Gedanken gibt sie an Vincent weiter. Dabei hilft ihr vor allem Jan mit einer liebevollen Art. Jan ist Julias neuer Partner. Sie sind bereits seit längerer Zeit ein Paar.

Einige Zeit nach dem Tod des Vaters geht Vincent von sich aus auf Jan zu und fragt ihn: „Kannst Du jetzt bitte mein Papa sein und darf ich Dich auch Papa nennen". Erst jetzt kommen Vincent die Tränen, die er sich nach dem Tod des Vaters aufgehoben hat. Vincent weint lange und findet seinen Trost bei Julia, Jan und den Großeltern.

Die Monate vergehen. Vincent wird älter, ohne Vater, aber mit einem neuen Freund und neuen Papa an seiner Seite. Jan gibt ihm großen Halt. „Vincents Seele ahnt alles Entscheidende voraus", sagt mir Julia. Es sei eine alte Seele, die der Ahnen und Vorfahren. Und so geschieht es:

Der Schmerz des Jahres 2014 löst sich für Vincent nicht vollständig auf. Wie sollte das auch gehen nach der Vehemenz und Turbulenz der Ereignisse. Zwar reinigt sich für Vincent einiges von selbst und Nebensächlichkeiten verblassen. Aber der Tod des Vaters und seine Erinnerungen bleiben. Auch die Umstände dieses Todes bleiben, vielleicht versteckt und vergraben, aber sie bleiben in den Erinnerungen des Kindes, Erinnerungen an ein Weihnachten zum ersten Mal ohne den Vater mit den vielen Tränen und Gesprächen der Erwachsenen. Silvester war es auch noch so. Alles das bleibt. Und doch gab es nach dem Neujahrstag einen kleinen Lichtschimmer, einen Ausblick auf ein vielleicht besseres Jahr 2015. Immerhin fühlt sich Vincent geborgen bei seiner Mutter und seinem neuen Vater, auf den er besonders stolz ist. Bald wird er vier Jahre alt sein. Er hat viel zu berichten in diesem neuen Jahr 2015.

Inzwischen ist es Februar 2015. In der Nacht hat es geschneit. Dicke Schneeflocken verwandeln Ostfriesland in ein Märchenland früherer Zeiten. Vincent ist neugierig auf den Schnee. Er hat den Zauber schon aus seinem Fenster im Kinderzimmer beobachtet. Früh morgens dann betritt er aufgeregt das Schlafzimmer seiner Eltern, seiner liebevollen Mutter und des Mannes, von dem er sagen darf, das ist mein neuer Vater, zu dem er „Papa“ sagen darf. Vincent fühlt die Besonderheit des Augenblicks. Sein Kinderherz pocht vor Aufregung. Noch ist er leise und vorsichtig. Er schaut aus dem Schlafzimmerfenster in die verschneite Winterlandschaft. Dann nimmt er alle Kraft zusammen und sagt es laut, unüberhörbar laut voraus, bereits an diesem verschneiten Februartag des Jahres 2015:

„Mein Bruder kommt, er kommt zu uns“.

Im Oktober 2015 wird Vincents Bruder geboren. Er heißt Leon.

Es wird ein besseres und liebevolles Jahr für Julia, Jan und Vincent, jetzt zusammen mit dem kleinen Bruder Leon. Vincent ist stolz wie Oskar. Tatsächlich wird es ein gutes Jahr für alle vier.

Auf diese besseren Zeiten folgt der Frühling 2016. Vincent ist nun fünf geworden. Die ersten Krokusse sind da. Bald kommen die Tulpen und die anderen Blumen hinzu, die sich in den Gärten bereits andeuten. Es geschieht ein weiteres Mal. An einem Sonntag im Frühling betritt Vincent erneut das Schlafzimmer seiner Eltern. Er schaut sich heute nicht einmal mehr um, denn seine Botschaft ist noch eindeutiger als die im vergangenen Jahr:

„Ich freue mich, bald kommt meine Schwester zu uns. Noch ist sie klein wie ein Schneckenhaus“.

Jan besorgt verwirrt einen Schwangerschaftstest. Das Ergebnis ist eindeutig.

Im Dezember 2016 wird Vincents Schwester geboren. Weihnachten will sie noch abwarten. Dann ist auch sie da, die Dritte im Bund der Geschwister. Fortan heißt sie Mira. Es wird sich lohnen über Mira ein gesondertes Werk zu schreiben, so außergewöhnlich ist auch sie neben ihren beiden Geschwistern Vincent und Leon.

„Vincent hat eben diese alte Seele der Ahnen und Vorfahren", sagt mir Julia später. Ich schreibe es verblüfft auf: Das gehört zu Vincent. Fast zeitgleich entdecke ich einen Eintrag in meinem ersten Manuskript vom 8. Dezember 2022, einen Monat nach der ersten Gerichtsverhandlung vor dem Amtsgericht Aurich, die noch kommen soll:

„Ich bereite mit Julia ein erstes Manuskript vor. Sie hat unfassbar viel zu berichten. Und sie wird hier berichten. Es ist vor dem 3. Advent 2022. Kein Zufall. Was war das nur für eine schlimme Niederlage vor dem Amtsgericht Aurich. Ein Verteidiger reicht nicht. Es müssen mehrere sein, die die Fachärztin verteidigen. Es ist zumindest so, dass ich Zuschriften und Leserbriefe bekomme, die dort in den ostfriesischen Medien nicht veröffentlich werden. Ich bekomme sie dank Julia und Stefan Dunkmann von ‚Aurich TV'. Aber ich muss diese Verteidigung neu gestalten. Ich muss handeln … Ich muss …".

Soweit aber sind wir noch nicht. Denn wir könnten den „Fall Aurich" an dieser Stelle schließen, frei nach dem Satz „wenn sie nicht gestorben sind, leben sie glücklich weiter". Legen wir das Buch also jetzt weg?

Aber da gibt es die Jahre 2020 bis 2023. Und was jetzt folgt, könnte „Schwurbeln" sein, ein altes Wort im neuen Gewand, folgt man zumindest den Medien, der schweigenden Mehrheit, den Mitmachern, den Besserwissern und Tätern sowie ihren Helfern und Helfershelfern. Wie oft wurde dieses Wort mit Häme, böser Niedertracht und Realitätsferne gebraucht. Kaum einer hat jemals hinterfragt, was es damit auf sich hat. Doch hinterfragen lohnt sich.

Schwurbeln

Google ist schlau, Google weiß alles:
"Als Schwurbler gelten unterschiedslos Verschwörungstheoretiker, Querdenker und oft auch diejenigen, die pauschale Verurteilungen von Ungeimpften problematisieren. „Schwurbeln" leitet sich vom mittelhochdeutschen „swerben" („taumeln, sich im Kreise drehen") ab und bedeutet dem Duden zufolge „Unsinn reden". 22.12.2021.

Soweit Google in seiner amerikanischen „Weisheit". Doch was ist tatsächlich „schwurbeln"? In den letzten Jahren wurde der Begriff immer wieder mit vermeintlichen oder tatsächlichen Verschwörungstheorien in Verbindung gebracht. In vielen Fällen muss man jedoch die Frage stellen, was denn der Unterschied zwischen Verschwörungstheorien und der Realität ist. Nun, die Antwort liegt auf der Hand:

„Einige Zeit" [16].

Der „Fall Aurich" beschreibt also nichts anderes als ein Stück deutscher Realität in den Jahren 2020 bis 2023. Dass fast immer aus sogenannten Verschwörungstheorien belegbare Wahrheiten werden, ist hier nicht anders. Folgen wir daher einfach einmal der Google-Definition („Unsinn reden"), denn der „Fall Aurich" hat im wahrsten Sinne des Wortes Facetten von „Un-Sinn" („ohne Sinn"), jedenfalls was das Verhalten und Vorgehen des zuständigen Gesundheitsamtes des Landkreises Aurich und weite Teile der Justiz angeht. Dazu ein Rückblick auf den Ausgangspunkt im Jahr 2020.

---

16 Vgl. Lisa Fitz in: „Amateure sind betroffen, Profis handeln!", https://www.nachdenkseiten.de/?p=106691 , abgerufen am 16.02.2024.

Die Schulen im Jahr 2020

„*Schwurbeln*" also: Halten wir an dieser Stelle einen Moment inne. Es ist ein Moment der Erinnerung an das, was im Jahr 2020 überall an deutschen Schulen passiert, noch dazu im Detail vorgeplant. Nach Ausnahmen wird man lange und verzweifelt suchen. Hierzu entdeckte ich einen Text, der die brisante Lage „im besten Deutschland aller Zeiten"[17] offen umschreibt. Mit freundlicher Genehmigung des Autors stelle ich den Text meinem „Fall Aurich" voran. Der Text stammt von Dr. Martin Hirte. Er ist ein engagierter Kinderarzt aus München. Er fasst diese Jahre 2020 bis 2023 in den Schulen treffend zusammen. Er sagt dazu Folgendes[18]:

> *„Ich hatte während der Pandemie noch meine Kinderarztpraxis in München. Ich hätte ein Buch schreiben können über das, was ich da alles gehört und erlebt habe. Kinder gehörten und gehören ja zu den Hauptleidtragenden der Pandemiemaßnahmen. Sie standen von Beginn an im Focus bei der Strategie, eine Schockwirkung zu erzielen. Man hat sie gedemütigt, verängstigt, eine schwere Form der Kindeswohlgefährdung.*
>
> *Manche Gesundheitsämter ordneten im Rahmen eine Quarantäne sogar die häusliche Isolation von Kindern an. Sie sollten in einem gesonderten Raum untergebracht werden, Mahlzeiten allein einnehmen und bei Kontakt mit ihrer Familie Maske tragen. Im Rahmenhygieneplan der bayrischen Schulen hieß es, der Infektionsschutz sei für die Schulfamilie das oberste und dringlichste Ziel. Unter anderem wurde es Kindern verboten,*

17 Quelle der Aussage: https://www.rnd.de/politik/steinmeier-wir-leben-im-besten-deutschland-das-es-jemals-gegeben-hat-79e657f9-a7b2-4fc8-b330-3a6eddfd5622.html, abgerufen am 05.01.2024.

18 Das ganze Video findet sich auf YouTube: https://www.youtube.com/watch?v=VEZFkmDaGAg, abgerufen am 15.02.2024.

andere Kinder zu berühren oder sich selber in Mund, Nase oder Augen zu fassen, was Kinder in schwerste Seelennot brachte und ihnen psychische Gewalt antat. Schulkinder wurden zur Durchsetzung der absurden Hygieneregeln ständig gemaßregelt: Abstand halten! Maske richtig aufsetzen! Und sie wurden mit Verweisen und Schulausschluss bedroht. Wir erinnern uns alle auch an die herzzerreißenden Fotos von ABC-Schützen, die in Kreisen stehen mussten, die entfernt voneinander aufgemalt waren. Es gab Schulen, in denen in jeder Klasse ein kleiner Hygienewächter ernannt wurde, der seine Klassenkameraden denunzieren musste bei Verstoß gegen Hygieneregeln. Unsere Kinder lernten Distanz zu wahren, gehorsam zu sein, den Mund zu halten und zu denunzieren. In manchen Schulen standen bei jedem Wetter Fenster und Türen der Klassenräume offen, denn das Lüften war als vierte Grundregel gegen das Coronavirus entdeckt worden. Ein Mädchen, dem ich eine Maskenbefreiung attestiert hatte, musste im Winter stundenlang am offenen Fenster sitzen. Die obligatorische Pause im Freien galt vielerorts auch bei Dauerregen und die Kinder kamen dann völlig durchnässt wieder in die Klassenzimmer.

Dies alles, die Hygieneregeln, die Quarantäne und vor allem die Schulschließungen brachten die körperliche und seelische Gesundheit einer ganzen Generation von Kindern in Gefahr. Einer der entschiedensten Befürworter von Schulschließungen war Christian Drosten mit zwei Studien, die gravierende Fehler enthielten. Ein weiterer Befürworter war der bayerische Ministerpräsident Markus Söder. Er und Angela Merkel lehnten im Januar 2021 kategorisch eine Wiedereröffnung der Grundschulen ab.

Seit Frühjahr 21 konstatieren Psychotherapeuten und Psychiater eine dramatische Zunahme von seelischen Störungen bei Kindern und Jugendlichen. Der Sprecher des Berufsverbandes der Kinder- und Jugendärzte sagte, es gäbe psychiatrische Erkrankungen in einem Ausmaß, wie wir es noch nie erlebt haben. Eine Pandemie von Angstkrankheiten, Essstörungen, Kontaktstörungen, Zwangsstörungen, Depressionen und Mediensucht.

Kinder und Jugendliche erkrankten so gut wie nie schwer an Covid 19 und spielten bei der Übertragung kaum eine Rolle. Bis Sommer 2021 war der Großteil durchseucht und hatte Immunität. Dennoch wurde die experimentelle Covid-Impfung für Kinder von vielen propagiert, von Angela Merkel und Jens Spahn, Karl Lauterbach, Markus Söder, Alexander Dobrinth, Katrin Göring-Eckart, Robert Habeck, Saskia Esken, Anja Kalischek und natürlich auch von der Vorsitzenden des Ethikrats Alena Buyx. Sie und die sogenannten Qualitätsmedien setzten die STIKO unter Druck, die schließlich einknickte und im Juni 2021 die Impfung für Kinder und Jugendliche empfahl, ein schwerer Schlag für das Vertrauen in die Impfkommission und ins öffentliche Gesundheitswesen. Und eine schwerer Schlag für die Kinder, für die Geimpften, weil sie einem erheblichen Nebenwirkungsrisiko ausgesetzt wurden, ohne irgendeinen Nutzen zu haben und für die Ungeimpften, weil sie ausgegrenzt und gemobbt wurden. Man erkannte sie unter anderem daran, dass sie sich zwei- bis dreimal wöchentlich der quälerischen Prozedur einer Corona-Testung unterziehen mussten. Spiegel online publizierte eine Kolumne zum Thema „Wenn der Corona-Leugner im Klassenzimmer sitzt". Geradezu Folter war die Maskenpflicht an Schulen. Ich habe jede Woche Kinder erlebt, die über Kopfschmerzen, Übelkeit, Müdigkeit, Konzentrationsstörungen oder Panikattacken klagten, klare Indikationen für ärztliche Befreiungsatteste, was aber vielen aus Angst verweigert wurde. Im bayrischen Rahmenhygieneplan für Schulen wurde eine Drohkulisse für Ärzte aufgebaut, die Maskenbefreiungen attestierten. Es gab polizeiliche Durchsuchungen von Arztpraxen und Privatwohnungen, Anzeigen und Strafprozesse.

Zur Maskenpflicht an Schulen, dieser staatlich verordneten Folterung von Kindern, rieten die Wissenschaftler der Leopoldina, unter ihnen Christian Drosten und Lothar Wieler, außerdem der Deutsche Lehrerverband in Gestalt seines Präsidenten Heinz-Peter Meidinger und natürlich Jens Spahn und die Ministerpräsidentenkonferenz. Die bayerische Staatsregierung blieb von Schulbeginn 2021 bis März 2022 sogar stur bei der Linie, Kindern im Sportunterricht Masken vorzuschreiben. [...]

Wir haben bisher kein Wort der Entschuldigung von Politikern gehört, die diese Misshandlungen anordneten oder von Medien wie der Spiegel, die sie forderten. Wir sind noch weit von einer Aufarbeitung entfernt, gar nicht zu reden von den Vielen, die zuschauten oder mitmachten, ohne aufzubegehren.

Die Namen der Täter aber sind notiert und bekannt. Wir werden sie nicht vergessen".

Es war nichts anderes, was Vincent erlebt hat. Und doch war es für ihn persönlich viel schlimmer als ein zusammenfassender Text dies alles beschreiben kann. Es war eine dieser vielen Odysseen der Demütigung.

Und hier beginnt nun der eigentliche „Fall Aurich". Ich bin sehr oft gebeten worden, die Einzelheiten dieses Falles aufzuschreiben. Anfangs habe ich gezögert. Doch die unglaublichen Ereignisse haben mich rasch von dem Gegenteil überzeugt. In erster Linie bin ich die Chronologie meinem Freund Vincent und seinen großartigen Eltern Julia und Jan schuldig. Darüber hinaus ist die Geschichte von Vincent aufgeschrieben und festgehalten für alle Kinder und mutigen Eltern.

Eine Regelschule voller Regeln

Vincent ist jetzt ein Schulkind. Er ist unfassbar stolz auf seine Grundschule. Seit der Einschulung liebt er seine Schule. Seine Aufgaben gut, pünktlich und gründlich zu erledigen, ist ihm jeden Tag ein großer Ansporn. Lesen, rechnen, alles geht wie von selbst.

Doch im Frühjahr 2020 erreicht auch diese Grundschule der Lockdown. Wie überall kommt es zur Schulschließung. Es wird dunkel und grotesk in Deutschland.

Während des Lockdowns ist sonniges Wetter im Norden. Doch die Zeit draußen in der Sonne ist trügerisch. Es heißt, nach den Sommerferien geht die Schule, die sogenannte Regelschule wieder los, aber mit Maske. Vincent spielt draußen am Kanal, als er davon hört und ist entsetzt. Mehr noch, er ist erschrokken. In ihm kommt Panik auf. Was heißt denn Maske und was heißt eigentlich Maskenpflicht? Er denkt an die Tauchermaske seines toten Vaters. Das ist für ihn völlig ausgeschlossen. Das wird er unter keinen Umständen mit sich machen lassen. Lieber geht er nicht mehr in die Schule. Genau, so wird er das machen. Er schmiedet seinen Plan. Dann wird er eben „nur" Fußballspieler, was er ja schon immer wollte. Oder besser noch, er wird Feuerwehrmann, wie sein neuer Vater. Der kann ihm bestimmt alles beibringen, sein neuer Papa. Dafür braucht er die Schule und die Maske nicht. Mit dieser Idee freundet er sich an. Außerdem hat er ja Leon, seinen Bruder. Mit dem wird er sich morgen besprechen. Leon wird ihn verstehen. Mira ist vielleicht noch etwas zu klein für diese Themen der großen Kinder. Aber Leon ist sein großer kleiner Bruder, den hat er ja kommen sehen. Vincent nimmt diese Gedanken mit in den Schlaf und in seine Träume. Nachts träumt er von Vätern und Brüdern, von toten und alten und neuen Vätern, von alten Seelen, von Vorfahren und Seelenverwandten, vom Kämpfen gegen das Feuer und vom Retter als Feuerwehrmann und dass er plötzlich nicht mehr sprechen kann. Dann wacht er erschrocken auf.

An diesem Morgen sind sie wieder da, die Erinnerungen an diese Tauchermaske des Vaters. Vincent vertraut sich jetzt seinen Eltern an: *„Ich will das bitte nicht. Und was ist das überhaupt für eine Maske, die ich tragen soll? Ich kann doch keine Maske tragen, wie mein Papa damals?“* Und warum auch? Hoffentlich, so wünscht er es sich von Herzen, sagt seine Mutter ihm nicht, dass das doch alles bitteschön fast sechs Jahre her ist. Das aber ist nicht Julias Antwort. So etwas sagt Julia nicht ein einziges Mal. Sie sagt auch nicht, wie es andere Eltern sagen, er solle sich doch bitte nicht so anstellen, die Maske könne man gut tragen. Sie näht auch keine Masken, so wie massenhaft andere Eltern geflissentlich und ungeprüft der gezielten TV-Propaganda folgen.

Julia und Jan entscheiden sofort, dass Vincent zum Tragen einer Maske nicht gezwungen werden kann. Niemals darf und wird das geschehen, lautet ihre klare Entscheidung. An diesem Punkt sind sich Julia und Jan einig. Vincent ist darüber erleichtert und dankbar. Und dennoch bleibt sein Unbehagen. Er hat eine seltsame Vorahnung. Was kommt jetzt in der Schule auf ihn zu?

Julia und Jan handeln. Sie wollen Vincent jetzt von der Maskenpflicht befreien lassen. Noch in den Sommerferien haben sie einen Termin bei einer Fachärztin in der Nähe. Diese Ärztin wird hier im Fall Aurich noch entscheidend. Doch der Reihe nach. Anlässlich dieses Arzttermins in den Sommerferien 2020 erzählt Julia das Geschehen von 2014, nachdem sie ihre ganze Kraft zusammengenommen hat. Julia berichtet der Ärztin von Vincent, von dem Tod seines Vaters mit Tauchermaske und

Gas. Sie erklärt der Fachärztin mit fester Stimme ihr Anliegen, Vincent bitte zu helfen.

Wenig später nach diesem ersten Arzttermin hält Vincent glücklich das Attest der Ärztin in den Händen, das ihn von dem Tragen einer Maske befreit. Er atmet auf. Die Ärztin hat ihm zugehört. Auch seiner Mutter hat diese Ärztin sehr aufmerksam zugehört und dann fachlich entschieden. *„Sie ist eine liebe Frau“*, sagt Vincent. Zu diesem Zeitpunkt kann noch niemand erahnen, welche bedeutende Rolle im „Fall Aurich“ dieser Fachärztin später noch aufgebürdet wird. Dass sie diese Rolle dann spielte, gleichsam wie Sergei Wassiljewitsch Rachmaninovs wunderbare Klavierkonzerte gespielt werden, ist für die Erinnerungen im höchsten Maße beeindruckend.

Dann muss Vincent wieder in die Schule. Er kommt jetzt in die 4. Klasse. Es ist diese schwere Zeit nach den Sommerferien 2020. „Maskenpflicht“ heißt eine der Anordnungen. Das klingt streng und auch für Vincent nicht gut. Aber er hat ja sein ärztliches Attest. Dies zu nutzen, ist sein gutes Recht, erklärt ihm Julia. Auch Levi hat ein Attest und darf die Maske nicht tragen. Vincent und Levi sind gute Freunde. Beide nehmen allen Mut zusammen.

Julia entscheidet, Vincent besser nicht mit dem Schulbus fahren zu lassen. Auch dort herrscht strengster Maskenzwang. Einmal hatte Vincent von einer Taxifahrt ohne Maske berichtet, dass der schimpfende Taxifahrer ihn - ausgerechnet den Feuerwehrmann Vincent - als *unsolidarisch* ohne Maske am liebsten hätte aussetzen oder aus dem Taxi schmeißen wollen. Irgendwo in der Einsamkeit Ostfrieslands hätte das nach seinen bizarren Vorstellungen passieren müssen, von ihm aus bitte auch bei klirrender Kälte und Regen. Dann hätte Vincent den Weg von 35 Kilometern nach Hause zu Fuß antreten müssen. Beschwerden beim Taxiunternehmen blieben fruchtlos. „Sie alle machen mit“, konstatiert Julia traurig und bringt Vincent besser mit dem eigenen Auto zur Schule am ersten Schultag nach den Sommerferien 2020.

Die Klassenlehrerin

Vincent und Levi betreten die Schule ohne Maske. Sie haben ihre ärztlichen Bescheinigungen dabei. Aufgeregt setzt sich Vincent auf seinen Platz im Klassenzimmer. Er ist still und will niemanden stören. Wie immer stört er niemanden. Oder doch? Er trägt die Maske nicht. Wie ein Blitz trifft ihn ein geradezu vernichtender Blick der Klassenlehrerin. Es ist ein erschrockener und seltsam feindlicher Blick dieser Klassenlehrerin. Mehr noch, sie ist entsetzt. Diesen ungeheuerlichen Vorgang, dieses „schwarze Schaf" in Gestalt eines Kindes ohne Maske, das muss sie sofort melden, am besten der höchsten Stelle ihrer Schule. Das muss sie regelkonform nach Vorschriften lösen. Denn es gibt sie ja, diese Vorschriften, an die sie sich auch halten will. So hat sie das gelernt: Man muss sich immer an Vorschriften halten. Vor allem will sie es nicht selbst regeln und nicht selbst entscheiden. Das kann sie nicht. Aber melden muss sie den Vorfall. Noch nie zuvor hat sie eine schlimmere Störung dieser Art in ihrer Regelschule erlebt. Schule mit Regeln. Und sie handelt.

Der Schulleiter

Die Klassenlehrerin informiert umgehend den Schulleiter, der höchstpersönlich und unverzüglich das Klassenzimmer betritt. Auch für ihn geht es um alles. Immerhin ist er Schulleiter und ein korrekter Mensch, der sich auch an die

Vorschriften hält, immer und ohne Ausnahme. Deshalb wurde er Schulleiter. Darauf ist er besonders stolz.

Voller Schreck und Angst sieht Vincent, wie sich eine Respekts-person vor ihm aufbaut. Vincent kennt ihn als den korrekten, älteren und freundlichen Herrn Direktor. Aber heute ist sein Eindruck plötzlich ein anderer. Mit strengem Blick herrscht er Vincent an: *„Warum bitte trägst Du keine Maske. Alle tragen Maske. Das ist hier Vorschrift und das kannst Du auch, zwei oder drei Minuten, die Maske tragen"*. Vincent nimmt ein weiteres Mal allen Mut zusammen und sagt es leise, dass er beim Arzt war und dass er ein Attest hat und dass ... dass, ja ..., dass er keine Maske tragen kann. Mehr möchte er nicht sagen. Er möchte nicht den Grund seines Attestes erklären, nicht diesem Schulleiter. Alle Blicke sind jetzt auf Vincent gerichtet. „Antworte", herrscht ihn der Schulleiter erneut an. *„Was hast Du? Kriegst Du keine Luft? Hast Du Asthma? Was ist mit Dir?"* Vincent fühlt seine innere Stimme, aber seine eigentliche Stimme versagt ihm. Wie im Albtraum von früher kann er plötzlich nicht mehr sprechen. Voller Angst bringt er keinen Laut heraus. Er zittert. Er kann und will das nicht sagen. Er kann nicht seinen toten Vater anführen und die Tauchermaske und das Gas. Alle schauen ihn jetzt so komisch an. Vincent fühlte sich in die Klassenecke gedrängt. Er hat einmal davon gehört, dass störende Kinder früher stundenlang in der Ecke stehen mussten. Dort sieht er sich jetzt, in dieser Ecke stehend, ganz hinten, stundenlang und allein. Dann verschwindet dieser Direktor, aber nicht die Erinnerung an dessen Auftreten. Es war gerade erst der erste Schultag nach den Sommerferien, auf den sich Kinder sonst immer besonders freuen.

Sofort hagelt es neue Vorschriften. Es wird angeordnet, dass Vincent und Levi fünf Meter hinter der übrigen Klasse laufen müssen, wenn sie zum Sport oder in die Pause gehen, solange sie keine Maske tragen. In den Pausen sind ohne „Wenn und Aber" die spitzen Pfeile mit angedeuteter Laufrichtung zu beachten. Auf dem Schulhof sind farbig markierte Felder angebracht, die den Kindern ihren Platz bestimmen, der bis zum Beginn der nächsten Schulstunde auf keinen Fall verlassen werden darf. Stillgestanden heißt es, wie beim Militär. Niemand darf Vincent und Levi zu nahe kommen. Sich zu berühren, ist ab sofort bei Strafe verboten. Weitere strenge Anordnungen dieser Art sollen ab jetzt den Schulalltag bestimmen: Händewaschen, Desinfektion, Abstand.

Vincent fühlt sich einsam wie nie zuvor. Klassenkameraden reden nicht mehr mit ihm oder veranlassen selbst wie „kleine Aufpasser und Blockwarte", dass Vincent nicht mehr den Klassenraum verlässt, wenn die anderen in die Pause gehen. Vincent bleibt allein im Klassenraum. Das muss diese Lehrerin nicht einmal selbst regeln. Das regeln jetzt die eifrigen Schulkameraden selbst. Ein weiteres Mal wird Vincent vom Schulleiter angehalten und beschimpft, er solle endlich die Maske tragen, das könne er und er solle sich jetzt nicht so anstellen.

Vincent hat außer seinem Freund Levi niemanden mehr, der ihn schützt. Vincent ist verzweifelt an diesem ersten Schultag, auf den er sich freute. Er übersteht diesen Tag gerade so mit all seiner Kraft als Feuerwehrmann.

Das Ende der Regelschule

Doch unmittelbar nach diesem grausamen ersten Schultag kann Vincent nicht mehr schweigen. Er steigt in das Auto seiner Mutter, die ihn von der Schule abholt. Dort bricht er weinend zusammen. Dort im Auto berichtet er seiner Mutter unter Tränen von dem Auftritt des Direktors und seinen Klassenkameraden. Julia sieht im Augenwinkel die auf den

Schulbus wartenden Kinder. Alle haben sie merkwürdig bunte Masken im Gesicht. Sie sieht kein freundliches Kinderlachen mehr. Sie sieht starre Blicke voller Angst. Auch die Lehrer sind vermummt. Alle tragen Masken. *„Bitte nicht mehr in diese Schule"*, fleht Vincent verzweifelt. Und wieder kommen ihm Tränen. Es sind die Tränen eines verzweifelten Kindes – stellvertretend – irgendwo in Deutschland. Hier geschieht es nahe Aurich.

Julia bespricht sich noch am gleichen Abend mit Jan. Sie handelt erneut.

Sofort am nächsten Tag betritt Julia mit festem Entschluss die Regelschule. Sie meldet Vincent von dieser Schule ab. Bevor sie die Abmeldung unterschreibt, bekommt der Schulleiter einiges zu hören. Es fallen Worte wie „Blockwart" und „Denunziant". Julia hat sich diese klaren Worte vorgenommen. Doch stereotyp verweist der Direktor auf seine Vorschriften und Anweisungen, nichts anderes habe an seiner Schule etwas zu suchen, auch keine Studien über die Wirkungslosigkeit der Masken oder deren Schädlichkeit, erst recht keine Querdenker und *„solche Leute"*. Julia denkt an die alte Büroweisheit: *„Wer kriecht, kann nicht stolpern"*. [19]

Und schon wieder stellt er diese unzulässige Frage nach dem Grund der Maskenbefreiung. Julias Geduld ist zu Ende. Sie fasst sich ein Herz und erklärt es ihm jetzt. Plötzlich ist der „Vorschriften-Direktor" still. Damit hat er nicht gerechnet. Tauchermaske und Gas und Tod steht nicht in seinen Vorgaben und Vorschriften. Das kennt er nicht, der Direktor.

„Hätte er nur vorher über Vincent etwas nachgedacht und mich gefragt, statt ihn vor der gesamten Schulkasse zu demütigen und bloßzustellen", denkt sich Julia und verlässt diese Schule.

---

19 Vgl. Lisa Fitz in: „Amateure sind betroffen, Profis handeln!", https://www.nachdenkseiten.de/?p=106691, abgerufen am 16.02.2024.

Die Freie Waldorfschule Ostfriesland

Wir könnten es mit einer freien Schule versuchen, überlegen Julia, Jan und Vincent gemeinsam. Julia hat bereits Erkundigungen eingeholt. Vertrauen in eine Schule zurückzugewinnen, dieses Ziel für Vincent steht im Vordergrund ihrer Überlegungen. Wenig später kommt es zu einem ersten Gespräch mit der Schulleiterin und der neuen Klassenlehrerin der Waldorfschule Aurich. Julia nimmt wieder kein Blatt vor den Mund und berichtet von den schlimmen Erfahrungen aus der Regelschule. Ein weiteres Mal erzählt sie die Erlebnisse, berichtet von der Tauchermaske und schildert in Einzelheiten das Jahr 2014. Sie erwähnt auch das Attest der Fachärztin und erklärt freimütig die Gründe, weshalb Vincent keine Maske tragen kann.

Das alles werde hier selbstverständlich akzeptiert, lautet die noch freundliche Antwort der Schulleitung. Doch Julia will es genauer wissen. Sie erklärt ihre Bedenken gegen Zwangstestungen und Zwangsimpfungen. Niemand von der Regelschule würde sich dann schützend vor die Kinder stellen, äußert sie ganz ausdrücklich ihre größte Sorge. Deshalb ist sie heute hier. „Nein, nein, das werde hier nicht passieren“, lautet die immer noch freundliche Antwort der Schulleitung der Freien Waldorfschule Aurich. Dieses Vertrauen fühlt sich zunächst gut an.

Bald sind die notwendigen Papiere ausgefüllt und unterschrieben. Wir schreiben den 2. September 2020. Dem dauerhaften Schulbesuch vorangestellt wird eine 14-tägige Probephase für Vincent. Ein Kind soll also „erprobt“ werden. Der Fachausdruck dazu heißt „Hospitation“. Hätte man spätestens jetzt stutzig werden sollen? Wären weitere vorherige Nachfragen besser gewesen? Aber lassen wir an dieser Stelle diese Fragen, um nicht zu „schwurbeln“.

Denn Vincent gefällt diese Waldorfschule. Sein Attest wird tatsächlich akzeptiert. Die neue Klassenlehrerin gibt die Rückmeldung, wie schön es doch ist, dass sich Vincent „so wunderbar und glücklich“ in der Klasse eingefunden hat. Er macht einen sehr aufgeschlossenen, fröhlichen und zufriedenen Eindruck, heißt es in dem Brief der Klassenlehrerin. Vincent ist plötzlich wie ausgewechselt. Tatsächlich freut er sich wieder auf seine Schule und kann sein Glück nicht fassen.

Dieses Glück dauert nur ganze sieben Tage.

TEIL II: DER SACHVERHALT

Der 9. September 2020

Eine Meldung einer lokalen Zeitung (Mainstream) [20]:

Ostfriesische Nachrichte (ON):

Aurich.

Die vierte Klasse der Freien Waldorfschule Ostfriesland musste am Mittwoch wegen einer möglichen Infektion mit dem Coronavirus getestet werden. Zwei Mitarbeiter des Gesundheitsamtes nahmen bei neun Schülern und vier Lehrern der Schule Abstriche. Das teilte Kreissprecher Rainer Müller-Gummels auf ON-Anfrage mit. Ein Mitschüler hatte sich Ende August mit dem Virus infiziert, weswegen nun die Mitschüler getestet werden mussten. Informiert wurden im Vorfeld alle Lehrkräfte und Eltern – mit einer Ausnahme. Ein Auricher Videoblogger witterte einen Skandal und verbreitete eine Geschichte über weinende Schulkinder, die vor dem Test zu fliehen versucht haben sollen. *Fortsetzung Seite 3.*

Vor nahezu allen Untersuchungen wurden die Erziehungsberechtigten der Schüler telefonisch informiert und es wurde eine mündliche Einverständniserklärung eingeholt. Bei einem einzigen Schüler gelang die telefonische Kontaktierung der Erziehungsberechtigten nicht, so dass in diesem Einzelfall die Untersuchung in direkter Absprache mit dem betroffenen Schüler durchgeführt worden sei. Weinende Kinder oder Fluchtversuche aus dem Fenster des Klassenraums hätten die Mitarbeiter des Gesundheitsamtes nicht erlebt.

20 Ostfriesische Nachrichten, 11.09.2020.

Also könnten wir den „Fall Aurich" an dieser Stelle erneut schließen. Es ist einer dieser alltäglichen Meldungen einer Zeitung. Routinemaßnahme also und nichts Besonderes, so scheint es.

Doch wer ist dieser „Einzelfall", wer ist diese Ausnahme?

Der 9. September aus anderer Sicht

Am frühen Vormittag des 9. September 2020 stürmen zwei Mitarbeiter des Gesundheitsamtes des Landkreises Aurich vermummt mit Schutzanzügen und Masken die Freie Waldorfschule Aurich. Sie nehmen nach Telefonaten (man nennt es später „einvernehmliche Absprache") mit der Schulleitung der Waldorfschule aufgrund einer konstruierten Gefährdungslage zwangsweise PCR-Covid-19-Tests (jeweils drei und in mehreren Fällen sogar vier schmerzhafte Rachenabstriche) an mindestens 8 Schulkindern der vierten Grundschulklasse vor, wohlbemerkt zwangsweise. Erstmals in Deutschland kommt es zu einer Zwangstestung in einer Schule, noch dazu in einer Grundschule bei kleinen Schulkindern.

Betroffen ist auch der 9-jährige Vincent. Seine Mutter wird nicht informiert. Auch eine Einverständniserklärung seiner Mutter liegt nicht vor, weder der Schule noch dem Gesundheitsamt. Niemand hat sie kontaktiert, obwohl sie den gesamten Vormittag zu Hause ist. Vincent wird dreist belogen, seine Mutter wisse Bescheid. Die Lüge kommt von der Klassenlehrerin. Niemand erfährt, weshalb sie lügt. Sie wird es am besten wissen und diese Lüge vor sich verantworten müssen.

Die Hälfte der Schulklasse sei krank, wird unverhohlen von der Landkreisbehörde gelogen. *Ein Kind fühlte sich am Vortag „schlapp", ein Kind musste niesen und ein weiteres Kind hatte*

„Schnupfen", heißt es später in einer dieser hässlich-grauen Behördenakten. Die Maßnahme sei *„freiwillig und in Absprache mit allen Eltern"* erfolgt, lügt die Landkreisverwaltung Aurich dreist und unverschämt weiter.

Dann versucht der Landkreis die *„Maßnahme"*, wie sie es nennen, mit einer angeblich höchsten Gefährdungslage nachträglich zu rechtfertigen. Und es wird weiter gelogen. Ein kleiner Bruder eines Auricher Waldorfschülers, beide aus einer vollkommen anderen Stadt (Leer in Ostfriesland, 34 Kilo-meter von Aurich entfernt), soll kurz zuvor auf Covid-19 positiv getestet worden sein. Beweise dafür werden nie präsentiert (bis heute übrigens nicht). Zu dem Auricher Waldorfschüler aus Leer hatte keines der acht zwangsgetesteten Schulkinder der Waldorfschule Aurich aktuell Kontakt. Vincent hat beide Geschwisterkinder aus Leer noch nie gesehen. Das hätte er gern, denn Vincent ist immerhin auch in Leer geboren.

Bericht von Vincent

Etwas mehr als drei Jahre später fasst Vincent diese Ereignisse zusammen. Es folgt sein sehr persönlicher Bericht[21]:

„Ich wollte zur Waldorfschule wechseln, weil ich nach den Sommerferien auf meiner vorherigen Grundschule ganz böse ausgeschlossen wurde. Während der Sommerferien wurde in Deutschland beschlossen, dass alle Schüler nach den Ferien Masken tragen müssen. Ich konnte und wollte aber keine Maske tragen und hatte auch eine Befreiung vom Arzt. Mein Freund trug auch keine Maske und wir beide wurden an unserem 1. Schultag richtig blöd angemacht. Unser Schulleiter hat vor der ganzen Klasse gefragt, warum wir keine Maske tragen können

21 Brief an den Verfasser vom 13.11.2023 (hier wörtlich und vollständig abgedruckt).

und ich wollte meinen Grund nicht erzählen, weil es mir wirklich unangenehm war vor den anderen Kindern. Der Schulleiter hat dann noch ein paar Mal nachgefragt und irgendwann sagte er dann, dass er das mit meiner Mama klärt. Danach wollten mich meine eigenen Klassenkameraden nicht mehr in die Pause lassen. Sie wollten mich und meinen Freund zwingen eine Maske zu tragen. Der Schulleiter sagte auch, dass wir doch wohl den kurzen Weg im Flur eine Maske tragen können. Am Sitzplatz können wir die ja abnehmen. Auf dem Schulhof war ganz viel Flatterband als Absperrung gespannt. Wir durften nur in einem bestimmten Bereich stehen. Als meine Mama mich mittags abgeholt hat, musste ich sehr doll weinen im Auto.

Ich wollte da nie wieder hingehen. Dann haben wir zu Hause überlegt, dass ich mir die Waldorfschule angucke, ob es mir da gefällt. Mir hat es in der Schule dann sehr gut gefallen. Alles war so schön bunt und mit vielen Sachen aus der Natur geschmückt. Wir hatten dann zusammen ein Gespräch mit der Lehrerin von der Waldorfschule, die Schulleiterin und meine Eltern. Mama hat da erzählt, dass ich wirklich keine Maske tragen kann und was in meiner Grundschule passiert ist. Mama hat gesagt, dass wir Angst haben und dass irgendwann in den Schulen zwangsgetestet oder geimpft wird und der alte Schulleiter mich dann nicht davor beschützt.

Da hat die Frau von der Waldorfschule gesagt, dass sie uns verstehen kann und wir uns keine Sorgen machen müssen. Ich konnte dann schon gleich dahin gehen für zwei Probewochen zum Testen, ob es mir wirklich gefällt und wie die Schule tickt.

Die ersten Tage waren wirklich super. Wir waren an einem Tag sogar bei einem Bauernhof und haben geholfen Kürbisse zu ernten. So was habe ich vorher noch nie gemacht. Ich habe auch gleich Freunde gefunden und alle waren mega nett zu mir".

Niemand außer Vincent kann diese Vorgeschichte besser erzählen. Denn sie gehört dazu. Sie gehört zu dem „Fall Aurich". Vincent weiß das. Und der kleine Held setzt seinen lesenswerten Bericht fort[22]:

„An einem Tag in der Schule klopfte es an der Tür und unsere Lehrerin musste zu einem Gespräch. Sie sagte, dass sie kurz was besprechen muss mit den anderen Lehrern und gleich zurück kommt.

Ungefähr nach 15 Minuten kam sie zurück und war dann ganz anders. Sie war richtig aufgeregt und hat dann gesagt, dass alle jetzt getestet werden müssen, weil das Gesundheitsamt in der Schule war. Ich habe das alles erst gar nicht verstanden, was das bedeutet.

Die Erwachsenen haben uns ganz viel erklärt, aber ich weiß nichts mehr davon, was die gesagt haben. Ich glaube, ich war zu aufgeregt. Die Lehrerin hat gesagt, dass alle unsere Eltern „Ja" gesagt haben, außer von zwei Mädchen. Die Beiden sollten dann in der Klasse sitzen bleiben und wurden abgeholt.

Wir Anderen mussten Masken aufsetzen und mit der Lehrerin wo anders hingehen. Ich habe keine Maske getragen, weil ich die Befreiung habe. Ich habe im Flur die Lehrerin gefragt, ob meine Mama auch zugestimmt hat zu der Testung. Ich wusste ja, dass Mama das vor sieben Tagen im Gespräch gesagt hat, dass sie das nicht möchte.

Die Lehrerin hat gesagt: „Ja Vincent, Deine Mama hat auch zugestimmt!"

Dann war ich böse auf Mama, weil ich Angst hatte und sie einfach „Ja" sagt. Ich weiß jetzt, wo ich das schreibe, dass die Lehrerin gelogen hat und Mama gar nicht gefragt wurde. Das war halt mein Gefühl vor der Testung.

---

22 Vgl. Fußnote 20.

Wir waren dann in einem großen Raum und es waren Männer in Raumanzügen da bei den Lehrern. Ich kannte diese Räume nicht, weil ich nur zur Probe in der Schule neu war. In dem ersten Raum war ein Tisch, ein Sofa und Stühle, auf denen wir sitzen sollten. Links eine Tür zu der Mensa. Die Lehrerin hat dann Namen gesagt, wer dran ist. Ein paar Mädchen haben die ganze Zeit leise geweint. Es waren auch zwei Flüchtlings-Mädchen in meiner Klasse, die bitterlich geweint haben. Ich weiß gar nicht, ob die überhaupt was verstanden haben?!

Ich habe es ja nicht mal kapiert...

Mein neuer Freund Lars saß neben mir und fragte mich dann, ob wir aus dem Fenster abhauen wollen? Ich habe aus Angst „nein" gesagt. Er blieb dann auch ruhig sitzen.

Die Lehrerin hat gar nichts gemacht, um uns zu trösten. Sie war da nur mit ihrer Maske im Gesicht und hat gemacht, was die ihr gesagt haben.

Irgendwann war ich dran und musste in die Mensa. Da waren dann die Männer mit den Schutzanzügen und die haben dann zu mir gesagt, dass ich mich auf den Stuhl setzen soll. Die haben dann viel geredet, aber ich habe nichts verstanden. Die Männer haben dann drei Stäbchen in meinen Hals gestochen. Richtig tief, bis ich würgen musste. Die Stäbchen haben die dann auch in eine weiße Flüssigkeit getaucht. Ich konnte nicht aufhören zu würgen, weil das echt weh tat. Ich hatte sooo Schiss....

Ich sollte danach wieder raus gehen und auf dem Sofa sitzen. Ich hatte Tränen in den Augen. Als alle fertig waren, sind wir in unsere Klasse zurück gegangen.

Ich habe noch einen Zettel bekommen mit einem QR-Code für die Corona-App.

Ich weiß nicht mal mehr, was nach der Testung in der Klasse noch gesagt wurde. Ich wollte einfach nur nach Hause.

Als es dann an der Tür klopfte, machte meine Mama die Tür auf. Da rief die Lehrerin: „Alle Maske auf!!!“

Meine Mama hat die Lehrerin gefragt: „Was ist hier heute passiert und warum wurde ich nicht angerufen und gefragt?“

Die Lehrerin sagte nur, dass alle getestet werden mussten und Mama jetzt aus der Schule raus muss. Sie sollte die Schulleiterin fragen. Und dann wurden wir weggeschickt.

Die Lehrerin ist nicht einmal von ihrem Stuhl aufgestanden und Mama musste die ganze Zeit im Flur vor der Tür stehen bleiben. Ich bin schnell zu meiner Mama gelaufen und wir sind zum Auto gegangen. Ich musste dann richtig doll weinen. Konnte erst gar nicht erzählen, was passiert ist. Meine Mama hat auch ganz doll geweint und mich in den Arm genommen. Wir sind nach Hause gefahren und ich habe alles erzählt.

Ich weiß noch, dass mein Hals sehr weh getan hat und ich hatte sehr große Angst, dass ich meine Familie mit Corona anstecke. Die Erwachsenen in der Schule haben uns gesagt, dass wir aufpassen müssen, dass wir Oma und Opa nicht anstecken und die nicht krank werden dürfen, weil die sonst sterben könnten.

Ich habe zu Hause viele Sachen durch mein Zimmer geschmissen und meine Geschwister habe ich weg geschubst, damit ich die nicht anstecke.

Ich musste die nächsten Tage auch zu Hause bleiben und durfte nur in unseren Garten raus. Nachts hatte ich echt schlimme Albträume von der Testung. Ich hatte furchtbare Angst, dass ich wieder zur Schule gehen muss und musste auch echt viel heulen. Zum Glück haben meine Eltern mich trotzdem in den Arm genommen und gesagt, dass ich zusammen mit meiner Familie essen darf und nicht alleine. Das Gesundheitsamt wollte nämlich, dass wir Kinder alleine essen müssen.

Wir sind nach der Quarantäne zu unserer Ärztin gefahren und die hat lange mit mir geredet. Sie hat alles aufgeschrieben was ich gesagt habe und fragte mich, was sie tun kann, damit es mir besser geht. Ich wollte einfach nur nie wieder zur Schule gehen. Die Ärztin sagte, dass das nicht geht, aber erst einmal kann ich zu Hause bleiben und wieder fit werden. Danach ging es mir etwas besser".

Nicht ein einziges Wort davon ist erfunden. Der Bericht stammt aus der Feder dieses Kindes. Vincent schreibt übrigens noch mehr. Doch dafür ist erst am Ende der passende Platz. Schon jetzt möchte ich Vincent in den Arm nehmen und ihm die gebührende Medaille oder etwas anderes schenken. Aber so weit sind wir lange noch nicht. So weit ist auch Vincent noch nicht, erst wenige Tage nach dieser Zwangstestung, es sei denn er ahnt wieder alles voraus. *„Vermutlich war es so, mein wunderbarer kleiner Held"*, sage ich zu mir selbst an dieser Stelle meiner Aufzeichnungen.

Der juristische Sachverhalt des 9. September

Entgegen §§ 28 VwVfG, 1626, 630d BGB, 25 Abs. 3 Satz 2 IfSG wird die Mutter des 9-jährigen Kindes Vincent vor einer am 09.09.2020 in der Freien Waldorfschule Aurich durch das Gesundheitsamtes des Landkreises Aurich durchgeführten PCR-Zwangstestung mittels dreifach erfolgtem Rachenabstrich nicht über diese angeordnete infektionsschutzrechtliche Zwangsmaßnahme informiert. Es liegen weder die Einwilligung der Erziehungsberechtigten noch anderweitige Zustimmungen vor. Erst hinterher wird die Mutter benachrichtigt und aufgefordert, sie möge ihr Kind abholen. Das Kind wird durch die dreifache Zwangstestung erheblich verletzt und befindet sich aufgrund eines „Absonderungsbescheides" [23] des Landkreises Aurich in angeordneter Quarantäne.

Aurich TV [24]

Julia ist außer sich vor Zorn. Was bitte soll noch alles geschehen. Sie bespricht sich jetzt sehr eingehend mit Jan. „Wir müssen einen Anwalt einschalten; wir müssen handeln", sagt sie. Jan hat von Aurich TV gehört. „Wir müssen das öffentlich machen und sicher kennt Aurich TV auch kompetente Rechtsanwälte", sagt er. Gesagt und getan. So sind sie die beiden, wer sie kennt. Sie tun es für Vincent und für die Kinder. Ihre Motivation dazu müssen sie nicht einmal aussprechen.

Noch am gleichen Tag schildert Julia über Aurich TV (ein kleiner Sender in Ostfriesland), was morgens in der Waldorfschule Aurich tatsächlich geschah. Die Journalisten hören voller Interesse und Spannung zu. Genauer sind es Stefan Dunkmann und Jürgen Wieckmann, der Kameramann von Aurich TV, ihre Herzen auf dem richtigen Fleck, immer ein Ohr an den Ereignissen, Sorgen und Nöten ihrer Stadt, kraftvolle Menschen voller Empathie. Für sie sind Ehrlichkeit und Verbindlichkeit noch echte Werte. Sie bilden ein geniales Team.

Stefan Dunkmann ist welterfahren. Selbst er kann die Schilderungen von Julia kaum fassen. Am gleichen Abend berichtet

---

23 Isolierung, Abtrennung; das Sichfernhalten von jmdm., etw. [Medizin] zum Schutz der Allgemeinheit vor ansteckenden Krankheiten: (behördlich angeordnete) Isolierung von Personen, die an einer ansteckenden Infektionskrankheit leiden oder als deren Überträger infrage kommen [DWDS].

24 Kanalinfo: AURICH.TV ist das Internet-Fernsehen der Auricher Nachrichten. Sie berichten von "vor Ort" über das Geschehen in der Stadt. Mit Interviews, Videoclips sowie Filmberichten aus Politik, Wirtschaft und Kultur vom urbanen Leben im Herzen Ostfrieslands.

sein Aurich TV mit einer überraschend großen Reichweite über Vincent. Aurich TV berichtet wesentliche Details, berichtet dass die Schulkinder im Zuge der Zwangstestung größte Angst hatten, weil diese beiden Mitarbeiter des Gesundheitsamtes vermummt in Astronautenähnlichen Schutzanzügen völlig unvermittelt in der Schulklasse auftauchten, dass einige Kinder weinten, Vincent und ein anderes Kind noch überlegten, durch das Fenster zu fliehen („abzuhauen"). Aurich TV berichtet offen darüber, dass Vincent im Zuge der Maßnahme von der Klassenlehrerin belogen wurde, seine Mutter wisse Bescheid. Stefan Dunkmann nimmt kein Blatt vor den Mund. An diesem Abend wird der „Fall Aurich" überregional bekannt. „Das muss er auch", sagen sich Julia und Jan. Sie erahnen noch nicht die Tragweite.

Schon am nächsten Tag (Donnerstag) gibt Julia ein ergänzendes Interview, exklusiv bei Aurich TV. Es ist ihr erstes öffentliches Interview dieser Art. Stefan Dunkmann stellt die richtigen Fragen mit dem richtigen Respekt vor den Belangen der Familie. Julia berichtet in allen Einzelheiten von diesem 9. September 2020 aus der Waldorfschule Aurich. Sie berichtet, wie sehr sie sich überrumpelt fühlte, wie sehr sie sich verletzt fühlt, dass man sie als Mutter erst nach der Zwangstestung von der Waldorfschule informiert hat, wie geschockt sie dann um 11:05 Uhr in die Schule gefahren ist, um ihr Kind abzuholen, es dort keine Erklärungen gab, sie solle sich an das Gesundheitsamt wenden, man wisse hier nichts, wie hysterisch sie mit harschen Worten der Schule verwiesen wurde, weil sie keine Maske trug und wie sehr alle dort noch Anwesenden panisch waren und dass das Gesundheitsamt längst verschwunden war. Sie berichtet in dem öffentlichen Interview, in welcher seelischen Verfassung sie ihr Kind aus der Schule holte, wie sehr Vincent traumatisiert war und wie er weinte, voller Angst und Nöte. Sie berichtet von einer ersten schlaflosen Nacht und dass Vincent diese Welt nicht mehr versteht, dass er Halsschmerzen hat. Julia lässt nichts aus.

Das Interview wird ein Dokument der Zeitgeschichte[25]. Drei Jahre später spiele ich das Video zur Erläuterung des „Falles Aurich" auf einem Anwaltskongress ab. Man kann eine Stecknadel fallen hören.

Am gleichen Abend geht Aurich TV auf Sendung. Die bundesweite Reichweite ist überraschend.

Die Testergebnisse

Am gleichen Abend wird bekannt, dass alle Zwangstests in der Waldorfschule negativ sind. *„Ab Montag (14.09.2020) können alle SchülerInnen der 4. Klasse wieder die Schule besuchen"*, heißt es lapidar einer E-Mail des Gesundheitsamtes an die Waldorfschule. Eine Entschuldigung gegenüber den Eltern und den betroffenen Kindern bleibt aus. Der Routinealltag in der Behörde geht weiter, als wäre nichts geschehen.

Die Kündigung

Am Freitag (11.09.2020) schaut Julia in ihren Briefkasten. Die Zwangstestung der Kinder ist nicht einmal 48 Stunden her. Im Kasten rechts neben der Haustür liegt der Brief mit dem Absender „Freie Waldorfschule Ostfriesland". Der Inhalt ist kurz, knapp und unbegreiflich:

---

25 Vgl. https://www.epochtimes.de/politik/deutschland/gerichtsurteil-corona-zwangstestungen-in-der-schule-rechtswidrig-2-a4203111.html?email=1 , abgerufen am 05.01.2024.

„Hospitation ...

Sehr geehrte Frau ...,

aus gegebenem Anlass können wir die Hospitation derzeit nicht weiterführen. Wir bitten um Verständnis.

Mit freundlichen Grüßen

Schulleitung Freie Waldorfschule Ostfriesland

Unterschrift."

Die Waldorfschule hat noch die Stirn Julia „freundlich" zu grüßen und um Verständnis zu bitten. „Leere Worthülsen", denkt sie und legt den Brief vorerst beiseite.

Versuch der Rechtfertigung

Kurz nach der Zwangstestung verschicken die Schulleitung und der Vorstand der Waldorfschule Aurich einen Rundbrief an alle Eltern unter dem Vorwand, nach dem Vorfall am 9. September um Vertrauen zu werben, ein heikles und völlig misslungenes Unterfangen, jedenfalls aus der Sicht von Julia. Die Schule nennt sich „Freie" Waldorfschule Ostfriesland. Der Name in Verbindung mit der Waldorfpädagogik suggeriert Freiheit und Unabhängigkeit. Doch weit gefehlt. In dem dreiseitigen Text finden sich erstaunliche Formulierungen[26]:

„So anders wir als Waldorfschule in Ostfriesland auch sind, so anders unser Entwurf der Waldorfpädagogik ist – wir sind streng an geltende Vorschriften und Gesetze gebunden. (...)

26 Rundbrief der Schulleitung und des Vorstandes der Freien Waldorfschule Ostfriesland vom 14.09.2020 (liegen dem Verfasser und der Elternschaft vor).

Wir müssen die Auflagen zum Infektionsschutz einhalten, wir müssen den behördlichen Auflagen folgen".

Das aber hat Julia anders in Erinnerung. Sie erinnert sich, an das vertrauensvolle Aufnahmegespräch vor ein einigen Tagen und die Erklärung der Schulleitung, Zwangstestungen werde es hier nicht geben. Danach hatte sie für Vincent entschieden. Jetzt steht hier in diesem Rundbrief plötzlich das Gegenteil: *„Wir müssen den behördlichen Auflagen folgen"*. Das ist krass. Julia streicht für sich das Wort „Freie" Waldorfschule aus diesem Namen. „Wir müssen uns an die Vorschriften halten" – mit diesem Satz wurde in der Vergangenheit schon so vieles gerechtfertigt. Sie ist entsetzt und liest weiter in diesem Rundbrief:

„So vertraut und liebevoll wie möglich, haben wir den Vorschriften entsprochen (...)"

Was hat das noch mit Vertrauen und Liebe zu tun, fragt sie sich beim Lesen. Sie liest weiter den Rundbrief, der sie und Vincent bis zur Erschöpfung demütigt und denunziert:

„Gab es tatsächlich Fluchtversuche aus den Fenstern? Wurden Kinder, die ängstlich waren, trotzdem getestet? Wurde die Schule tatsächlich gestürmt? Wo waren in diesem alptraumhaften Bild, das in den Medien gezeichnet wurde, die Klassenlehrerin und auch die Schulsekretärin? Bitte nehmen Sie die beiden und setzen Sie sie einfach selbst in das aufgezeigte Bild der Presse ein. Es kann nicht mehr stimmen – und das tut es auch nicht!

Es war sicherlich eine ungewohnte, neue Situation – für uns alle. Aber auch hier standen Ihre Kinder immer an erster Stelle – und das wird auch immer so sein, ganz gleich in welchem rechtlichen Auftrag die Schule konfrontiert wird. Wir nehmen uns die Freiheit, wachsam zu sein. Selbstverständlich haben sich aus dieser, auch für uns, befremdlichen Situation Fragestellungen für zukünftige Vorgehensweisen ergeben, die wir diskutieren werden und müssen. An diesem Diskurs werden wir Sie teilhaben lassen. Daher danken wir Ihnen für Ihr Vertrauen […].“

Julia ist erneut außer sich vor Zorn. Schreibt doch diese Schulleitung tatsächlich frei nach Christian Morgenstern „es kann nicht sein, was nicht sein darf“, die Vorfälle am 9. September könnten nicht stimmen. Halten die Vincent eigentlich für komplett dumm, fragt sie sich. Soll das Totschweigen von Tatsachen tatsächlich ein wachsames Werben um Vertrauen sein? Dann liest sie das Ende dieses für sie unfassbaren Rundbriefes:

„Wir haben uns entschieden, die Hospitation derjenigen Familie, die im Alleingang ihrem Misstrauen in den Medien Ausdruck verliehen haben, zu beenden. […] Bitte suchen Sie unermüdlich das persönliche Gespräch und bleiben Sie gesund“.

Wie soll der von der Schulleitung angebotene Diskurs jetzt noch stattfinden, wenn der Rundbrief mit dieser kategorischen Absage endet, fragt sie sich. Die Opfer werden hier zu „Tätern des Misstrauens“. Julia holt erneut das Kündigungsschreiben der Waldorfschule hervor. „Wir bitten um Verständnis“, heißt es dort. Ihr Verständnis für diese Schule voller Widersprüche sinkt jetzt auf einen Nullpunkt. Sie bespricht sich mit Jan. Beide entscheiden übereinstimmend, *„lassen wir das mit der Waldorfschule, nie wieder Waldorfschule“*. Wie sollte Vincent auf dieser seltsamen Schule „gesund bleiben“, fragt Julia. Er muss erst einmal gesund werden, antwortet ihr Jan.

Dass in den Folgemonaten bundesweit eine heftige Diskussion innerhalb der Freien Waldorfschulen ausbricht, mag dem Fall Aurich geschuldet sein. Schuld an der Misere sind aber gewiss nicht Vincent und seine Eltern. Mögen die Waldorfschulen selbst ihren „Freiheitsstatus“ klären. Rudolf Steiner würde sich im Grabe umdrehen und unendlich grämen, würde er davon erfahren, insbesondere von der Lüge der Klassenlehrerin, von dem Schulleiter, von dem Rundbrief.

Quarantäne

Oben im Kinderzimmer ist Vincent allein und *„abgesondert"*. Man hat ihm die Quarantäne in der Schule vorgestern bereits mündlich angeordnet. Vincent ist verstört und wütend. Er zerlegt gerade sein Zimmer. Stühle krachen an die Zimmertür. Gegenstände fliegen an die Wand. Dann weint er. Sein Hals tut ihm weh. Warum haben die gleich dreimal getestet. Er kann es nicht fassen, dass er jetzt für seine Eltern, seine Geschwister Leon und Mira und bald auch für Oma und Opa eine große Gefahr ist. Er ist doch Feuerwehrmann und will alle schützen. Doch jetzt hat es ihn böse erwischt, jetzt steht er unter Quarantäne. Warum überhaupt? Er ist an allem schuld. Und wieder kracht ein Stuhl mit Getöse an die Tür. Seine Schultasche hat er in die Ecke geschleudert. Der Inhalt liegt verstreut im Kinderzimmer.

In diesem Moment klingelt es an der Haustür. Ein weiteres Schriftstück wird zugestellt, allerdings nicht an Julia als Erziehungsberechtigte, sondern dem „abgesonderten" Vincent höchstpersönlich. Es handelt sich um einen Bescheid des Landkreises Aurich, um einen hochoffiziellen Quarantänebescheid, adressiert an Herrn …[27]: „Absonderung" bis zum 11. September. Es folgen drei Seiten komplexe amtliche Belehrungen, Warnungen, Hinweise, Erläuterungen, Anhänge. Ein Auszug daraus:

> *„Die häusliche Absonderung bedeutet weiterhin, dass Sie in der Wohnung beziehungsweise dem Haushalt eine räumliche und zeitliche Trennung von allen im Haushalt lebenden Personen einhalten müssen, indem Sie sich in unterschiedlichen Räumen aufhalten, keine gemeinsamen Tätigkeiten ausführen*

---

27 Bescheid des Landkreises Aurich, Amt für Gesundheitswesen, vom 09.09.2020 (übrigens ohne Aktenzeichen).

und insbesondere Ihre Mahlzeiten nacheinander oder räumlich getrennt voneinander einnehmen".

Also doch und trotz der negativen Testergebnisse: Drei Tage Isolation für den Neunjährigen, Haft im eigenen Kinderzimmer. Mit zynischem Anstand wird Vincent im Quarantänebescheid auch noch mit „Sie" angesprochen. Es ist eben eine „höfliche" Behörde, dieses Amt des Gesundheitswesens, könnte man meinen.

Die Halsschmerzen bei Vincent halten an. *„Warum bin ich bloß nicht abgehauen"*, grübelt er vor sich hin. Und wieder kommen ihm die Tränen. Er hat kaum geschlafen in den letzten Nächten. Immer wieder erscheinen diese gruseligen Bilder von den Männern in Astronautenanzügen, auch im Traum in der letzten Nacht. Da war es ganz schlimm. Die Teststäbe sind wie lange spitze Messer, danach eingetaucht in diese seltsame weiße Flüssigkeit. Und dann die weinenden Mädchen aus seiner Klasse. Wie mag es ihnen gehen. Er wird sie nie wiedersehen, auch die anderen Schulkinder wird er nicht wiedersehen. Es ist aus mit der Waldorfschule, endgültig aus, Schluss aus und vorbei. Welche Schule nimmt ihn jetzt überhaupt noch, bestimmt keine mehr. Und was dann kommen wird, will sich Vincent gar nicht ausmalen. Es wird bestimmt noch viel schlimmer. Außerdem wird er alle anstecken, Leon und Mira, die er so liebt. Angst und Traurigkeit kriechen durch den kleinen Körper. Julia sitzt bei ihm, wenn er in der Nacht weinend aufschreckt.

Mit Bedacht hat Julia für den kommenden Montag (14.09.2020) einen Termin bei der Ärztin vereinbart. Gott sei Dank ist es diese Fachärztin, die Vincent schon kennt. Zumindest gegen die Halsschmerzen wird sie ihm bestimmt ein gutes Mittel geben. Das tröstet alle ein wenig über die langen Tage hinweg.

Mandatsübernahme

Am späten Abend bei einer routinemäßigen Internet-Recherche höre ich wie von Zufall die Sendungen von Aurich TV und einen öffentlichen Hilfeschrei, dass dringend ein Rechtsanwalt für einen Corona-Fall in Ostfriesland gesucht wird. Seltsamerweise übernimmt kaum ein Kollege diese Fälle (ausgenommen die „Anwälte für Aufklärung“ [28]). Ich bin zu dieser Zeit im Vorstand dieses bundesweit handelnden Anwaltsvereins und entscheide spontan. Am gleichen Abend und nächsten Tag kommt es zu einer ersten Kontaktaufnahme und längeren Telefonaten mit Julia und Jan. Ich soll die Familie und ihr Kind anwaltlich vertreten, lautet eine verzweifelte und aufgeregte Bitte am anderen Ende der Leitung.

Wir besprechen erste rechtliche Schritte. Erst ist Jan am Apparat. Ich versuche, die Lage zu sondieren und ihn zu beruhigen. Wenn das Kind infolge der Zwangstestung verletzt ist, ist ein ärztlicher Nachweis über die Verletzungen unabdingbar, lautet meine erste anwaltliche Empfehlung. Ohne Beweise geht es nicht. Julia und Jan erläutern, dass sie dafür bereits alles vorbereitet haben, aber noch ein paar Tage bis zum 14.09.2020 warten müssen.

In den Folgetagen glühen die Telefonleitungen zwischen Ostfriesland und Hessen. Ich notiere alles Wesentliche. Es folgt das Prozedere einer Mandatsaufnahme. Ich bin überrascht über ihr grenzenloses Vertrauen. Es soll der „Fall Aurich“ werden.

---

28 Anwälte für Aufklärung e.V., Hohenzollerndamm 112, 14199 Berlin. Kontakt: E-Mail: kontakt@afaev.de .

Das ärztliche Attest

Die Fachärztin für Allgemeinmedizin nimmt sich am 14.09.2020 ungewöhnlich lange Zeit. Den Termin hat sie extra auf den Mittag nach Schluss der anstrengenden Sprechstunde gelegt. Vincent und Julia kennt sie bereits. Sie hat von Julia schon zuvor im Zuge der telefonischen Anmeldung erfahren, dass ein außergewöhnlicher Vorfall in der letzten Woche passiert ist. Das ärztliche Gespräch (Anamnese) dauert lange, länger als eine Stunde. Das ist für sie im Praxisalltag eher unüblich. Normalerweise sind die Termine ihrer Patienten kürzer getaktet. Heute spricht sie ausführlich und lange mit Vincent und mit Julia. Aufmerksam hört sie beiden zu und notiert sich die Einzelheiten. Sie wägt die Schilderungen sorgfältig ab und gewichtet sie.

Schließlich schreibt sie ihre ärztlichen Feststellungen nieder:

„Ärztliches Attest

Betr. …

[Daten]

Zur Vorgeschichte des kleinen Patienten soll erwähnt werden, dass sich die Mutter erstmals am 21.08.20 mit ihm vorstellte, da er unter dem Tragen eines Mund-Nasen-Schutzes erheblich leidet. Sein Vater hatte sich mit Gas unter einer Tauchermaske 2014 suizidiert. Aufgrund dieser Vorgeschichte sind die Ängste des Kindes beim Tragen einer Maske nachvollziehbar und ein Mund-Nasen-Schutz nicht zumutbar. Trotz des Attestes wurde er in der Regelschule ausgegrenzt und gemobbt, sodass sich die Mutter entschloss, ihn - zunächst probeweise - die Waldorfschule in Aurich besuchen zu lassen Deswegen fand am 01.09.20 ein Gespräch zwischen der Schulleitung, der Klassenlehrerin der

4. Klasse der Waldorfschule, der Mutter, ... und dem Lebensgefährten der Mutter statt. Es wurde hierbei ausdrücklich auf die traumatisierende Vorgeschichte des Kindes hingewiesen. Von der Schulleitung wurde versichert, dass am Kind ohne Einverständnis der Eltern keine Untersuchungen, Impfungen o.ä. durchgeführt würden. Am 14.09.20 wurden, nachdem mich die Mutter des Jungen bereits am 09.09.20 vom Zwischenfall in der Schule telefonisch benachrichtigt hatte, Mutter und Kind in der Praxis vorstellig. Der Junge befand sich an diesem Tag in einem reduzierten Allgemeinzustand und wirkte zurückgezogen und bedrückt. Über den Vorfall am 09.09. berichtete er, dass während des Unterrichtes um etwa 10.00 Uhr nach Klopfen an der Klassentür andere Lehrer gekommen seien und mit der Klassenlehrerin etwas besprochen hätten. Anschließend hätte die Klassenlehrerin den Kindern erklärt, dass sie vom Gesundheitsamt wegen Corona getestet werden sollten. Die Eltern seien hierüber informiert worden. Nun führte sie die Klasse in einen sogenannten Betreuungsraum. Dort seien dann 2 Herren vom Gesundheitsamt in „Raumanzügen" gekommen, die die Kinder dann dem Alphabet nach getestet hätten. Viele Mitschüler/innen hätten dabei geweint. Auch er habe Angst gehabt und kurzzeitig mit einem Klassenkameraden überlegt über das Fenster zu fliehen. Er sei dann aber doch geblieben und getestet worden; es seien insgesamt 3 Abstriche abgenommen worden. Die Prozedur sei sehr schmerzhaft gewesen und die Schmerzen hätten bis zum Abend bestanden. Von den „Herren im Raumanzug" sei ihnen noch mitgeteilt worden, dass sie sich zu Hause in ihrem Kinderzimmer aufhalten, alleine essen und insbesondere den Kontakt mit Familienangehörigen vermeiden sollten. Außerdem erhielten alle Schüler vom Gesundheitsamt einen vorbereiteten QR-Code für ihr Handy für eine Corona-App. Die Mutter gab an, über die Vorkommnisse erst um 11.10 Uhr seitens der Schule informiert worden zu sein. Sie sei dann umgehend losgefahren, um ... abzuholen. Um 11.30 Uhr sei sie in der Schule angekommen. Auf ihre Frage an die Klas-

senlehrerin, was und warum dies alles vorgefallen sei, wurde sie an Schulleitung und Gesundheitsamt verwiesen. Sie selber nahm sowohl die Klasse als auch die Klassenlehrerin als stark verunsichert und verängstigt wahr. Auf der Fahrt nach Hause wurde sie als erstes von ihrem Sohn gefragt, ob dies alles mit ihrer Zustimmung erfolgt sei, was sie zur Erleichterung von... verneinte. Aber er sagte immer wieder: „Dann haben sie doch gelogen" und weinte sehr. Durch das Verhalten von Klassenlehrerin und Gesundheitsamt ist das Vertrauen des Jungen somit stark erschüttert worden. Dies zeigt sich auch in Alpträumen der folgenden Nächte, in denen es thematisch darum ging, dass er in einer neuen Schule auch Testungen und anderen Übergriffen wehrlos ausgeliefert worden war. Zu Hause fiel er in der Familie einerseits durch Rückzug, vermehrtes Weinen aber auch aggressives Verhalten gegenüber seinen Geschwistern auf, was für ihn sonst völlig untypisch ist. Es ist daher davon auszugehen, dass es sich am 09.09. für ihn um ein erheblich traumatisches Ereignis gehandelt hat.

Am 11.09.20 erreichte die Mutter noch die Nachricht von der Waldorfschule, dass ...[29] *ein weiterer Schulbesuch dort verwehrt sei. Dies war für Mutter und Sohn völlig unverständlich; ... sagte nur: „Ich habe doch nichts gemacht?!" Durch dieses Verhalten seitens der Schule wurde ... nochmals traumatisiert und ein erhebliches Misstrauen sowie eine starke Verunsicherung in ihm gefestigt. Aus diesem Grunde ist bei dem Schüler derzeit eine Schulbesuchsfähigkeit bis auf weiteres nicht gegeben.*

Zusammenfassend erlitt... durch die Testung des Gesundheitsamts und das Verhalten der Waldorfschule anhaltende Schmerzen durch den 3-fach durchgeführten Rachenabstrich.

Eine schwere psychische Traumatisierung die sich in Ängsten, depressiven Phasen (anhaltendem Weinen), aggressivem Verhalten, Schlafstörungen, Alpträumen und Unsicherheit zeigt

29 ... gemeint ist hier jeweils der Name des Kindes Vincent.

und eine der-zeitige Schulbesuchsfähigkeit bis auf weiteres verhindert.

Dr.

[akademischer Titel und Name der Fachärztin]".

Die besonnene und berufserfahrene Fachärztin erahnt an diesem Montag noch nicht die Tragweite ihrer ärztlichen Feststellungen. Bald wird sich ein Staatsanwalt damit beschäftigen, vielleicht ist es auch eine Staatsanwältin.

TEIL III: DIE JURISTISCHE AUFARBEITUNG

Strafanzeige

Vincent geht es nicht wesentlich besser, obwohl ihm das ärztliche Attest gutgetan hat. Die Fachärztin hat ihm zugehört und alles aufgeschrieben, die Ängste vor der Zukunft, vor allem die Albträume. „*Weshalb haben sie Vincent das nur angetan? Das war doch eine klare Körperverletzung und das geht nicht*", ist sich Jan sicher. Julia stimmt ihm uneingeschränkt zu. Sie ist ehrlich und geradlinig. Das war sie schon immer. Sie möchte nichts unversucht lassen, um das Geschehen am Morgen dieses 9. September 2020 aufzuklären. Ihre Empörung ist in jedem Gespräch, in jedem Telefonat spürbar.

Inzwischen ist es Mitte September 2020. Es herrscht immer noch dieser Ausnahmezustand in Deutschland. Der Irrsinn der Welt hat jetzt mit aller Wucht auch Aurich in Ostfriesland erreicht. Bei Julia ist es diese Mischung aus Wut, Stolz und Verzweiflung, die alle kennen, die noch im August 2020 bei den großen Demonstrationen in Berlin waren. „17.000 Verschwörungstheoretiker" titelte die Qualitätspresse, allen voran die ARD-Tagesschau [30]. Julia ist eine selbstbewusste Mutter von drei Kindern. Und sie ist die Mutter ihres ältesten Sohnes Vincent. Jetzt nach diesem 9. September reicht es ihr. Sie entscheidet sich wieder für Vincent. Natürlich entscheidet sie so. Keine Mutter entscheidet anders. Sie entscheidet für ihre drei Kinder. Sie entscheidet für ihre Familie. Sie entscheidet für alle Kinder im Land. Sie stellt ihre eigenen Weichen im Vertrauen auf das Recht. Vor allem aber sagt sie es in aller

---

30 ARD-Tagesschau 02.08.2023: „Nach Corona-Demo in Berlin: Fake-News über Zahl der Teilnehmenden".
Nachplappernd: Süddeutsche Zeitung 03.08.2020: Corona-Demonstration:17 000 oder 1,3 Millionen?

Deutlichkeit: *„So etwas wie an der Waldorfschule Aurich darf es in Deutschland nie wieder geben"*. Sie betont diesen Satz immer wieder. Sie weiß im September 2020 noch nicht, dass sie damit ihr Recht und das Recht für Vincent bekommen wird. Sie hat sich ja gerade erst so viel vorgenommen, zusammen mit Jan, der sie unterstützt, uneingeschränkt als „Bilderbuch-Partner" und „Bilderbuch-Vater".

Beide lassen den 9. September nicht auf sich beruhen. Übereinstimmend entscheiden sie sich für zwei juristische Schritte:

1. Sofortige Strafanzeige gegen die Mitarbeiter des Gesundheitsamtes.

2. Eine Klage gegen die Maßnahmen vor dem Verwaltungsgericht.

Doch die Vorbereitungen des sperrigen, verwaltungsgerichtlichen Klageverfahrens sind aufwendig. Sie dauern eben die „juristischen Sekunden[31]", genauer Tage und Wochen. Die Stellungnahmen des Gesundheitsamtes stehen noch immer aus, Akteneinsicht und so einiges mehr.

Aber die Belege für die Strafanzeige sind jetzt vollständig. Das Attest der Fachärztin ist der Beleg. Er dient Beweiszwecken. Alles klappt sehr schnell. Am 16.09.2020, exakt eine Woche nach der Zwangstestung liegt der Staatsanwaltschaft Aurich die fünfseitige Strafanzeige gegen die beiden Mitarbeiter des Gesundheitsamtes vor, wegen des Verdachts der Körperverletzung im Amt und *„aus allen in Betracht kommenden rechtlichen Gesichtspunkten"*, wie es in bestem Juristendeutsch heißt. Mit dem Attest der Fachärztin können wir die Verletzungen des Kindes nachweisen. Das Attest sollte erst einmal genügen. Und es ist auch ein handfester Beweis - bei *„objektiver Betrachtung"*

31 Die „juristische Sekunde" oder logische Sekunde ist eine aus dem römischen Recht stammende Erklärungsfigur in der Rechtswissenschaft. Sie bezeichnet einen fiktiven Zeitraum, der zur Veranschaulichung zwischen zwei als aufeinanderfolgend vorgestellte Rechtswirkungen desselben physischen Ereignisses eingeschoben wird.

- so sagt man es in der Sprache der Juristen. Es wird jetzt einige Wochen dauern, vielleicht auch einige Monate bis der Staatsanwalt antwortet.

Betrachten wir zwischendurch den zweiten rechtlichen Schritt:

Der Weg zum Verwaltungsgericht

Parallel zu der Strafanzeige lässt Julia für Vincent am 25. September 2020 eine Klage beim Verwaltungsgericht Oldenburg einreichen. 14 Tage nach der PCR-Zwangstestung in der Waldorfschule entscheidet sie sich auch für diese zweite rechtliche Maßnahme. Dass es ein mutiger Schritt ist, wird schnell klar, denn andere deutsche Verwaltungsgerichte landauf und landab entscheiden längst zum Nachteil der Betroffenen, dass neben dem angeblichen *„Gold-Standard PCR-Testung“* auch alle staatlichen Corona-Maßnahmen - wie immer nur RKI-gestützt - angeblich rechtlich in Ordnung sind. Gleichgültig, ob garantierte Grundrechte eingeschränkt, verletzt oder flugs ganz eliminiert werden, es ist der deutschen Rechtsprechung erschreckend gleichgültig.

Welch ein kolossal systematisches Versagen deutscher Gerichtsbarkeit mit dieser Rechtsprechung, insbesondere der Verwaltungsgerichte verbunden ist, wird erst Jahre später messbar - so das Fazit einer Vielzahl namhafter Juristen und Wissenschaftler. Doch der amtierende Bundespräsident Dr. Frank Walter Steinmeier (selbst promovierter Jurist, Sozialdemokrat dazu) nennt Deutschland *„das beste Deutschland aller Zeiten“*[32]. Er erahnt nicht das Gewicht des verbalen Fehlgriffs, denn er hat seine Worte gerade erst ausgesprochen. Hätte er es besser nicht getan. Oft ist Reden Silber, aber Schweigen Gold.

32 Vgl. Fußnote 17.

Der „Fall Aurich“ ist möglicherweise etwas anders gelagert. Wie steht es um einem PCR-Zwangstest in einer Schule, im geschützten schulischen Bereich der Kinder? Staatlicher Zwang gegenüber wehrlosen Kindern ausgerechnet an einer Schule, noch dazu an einer „Freien“ Waldorfschule im hohen Norden des „besten Deutschlands aller Zeiten“? Ist nun auch nach neuster Judikatur der Verwaltungsgerichte eine angeordnete Zwangstestung von Schulkindern ohne jede Zustimmung der Eltern erlaubt? Julia will genau dies geklärt wissen. Sie nimmt auch für ihren zweiten Schritt allen Mut zusammen. Julia will die Rechtswidrigkeit der PCR-Zwangstestung und der anschließenden Quarantäne gegen Vincent gerichtlich klären lassen (*Fortsetzungsfeststellungsklage* lautet begrifflich das juristische bzw. verwaltungsgerichtliche Wortungetüm). Julia spürt und weiß, dass es an diesem 9. September 2020 in der Waldorfschule Aurich nicht mit rechten Dingen zuging. Für sie gilt, alles in allen Einzelheiten aufklären zu lassen. Vor allem kann sie die Last ihres Wissens nicht mehr allein tragen. Sie teilt ihr Wissen und übergibt ihre Last – soweit es geht – zu treuen Händen ihrem Anwalt. Jan trägt die Last ohnehin schon mit. Ich nehme auch diesen Teil des Mandats an. Die Ausmaße der Verantwortung werden mir mit jedem Schriftsatz klarer. Es ist fortan noch viel mehr zu tun.

Zuständig für die Klage ist nicht Aurich. Es gibt in Aurich kein Verwaltungsgericht. Zuständig ist das Verwaltungsgericht Oldenburg, auch für Ostfriesland. Also Oldenburg. Nicht zu ändern. Der Fall Aurich wird also die gesamte Region und Regionen darüber hinaus erreichen. *„Das wollen wir genau so“*, sagen mir Jan und Julia, haben doch die Medien bislang nur in Aurich und Umgebung über den Fall berichtet, vor allem vielfach vorverurteilend. Aurich TV ist die Ausnahme. Julia geht es jetzt immer mehr um eine überregionale Verbreitung des Falles – wie Recht sie haben wird. Später berichten auch Eva Herman aus Kanada und andere bekannte überregionale

Foren über den Fall Vincent. „Das ist tatsächlich stark", notiere ich drei Jahr später im Manuskript.

Doch wo und was ist eigentlich Oldenburg? Bis zum Jahr 1667 war die Stadt die Residenz der Grafen von Oldenburg. Dann fiel die Stadt über ein Jahrhundert an Dänemark[33]. Ich lese weiter in der Stadtgeschichte Oldenburg. Dort steht folgende „Geschichte" über das Oldenburger Wunderhorn[34]:

> *„In der Sammlung der dänischen Könige aus oldenburgischem Stamm in Kopenhagen ist ein Kleinod zu bewundern, welches das „Oldenburger Wunderhorn" genannt wird. Es befand sich über Jahrhunderte im Besitz der Oldenburger Grafen. Graf Otto von Oldenburg, ein eifriger Jäger, war sein erster Besitzer.*
>
> *Eines Tages begab sich Graf Otto mit seinem Gefolge auf die Jagd im Barnefürsholz. Während er einem zarten Reh nachsetzte, entfernte er sich immer weiter von seinen Leuten, bis er plötzlich erhitzt und durstig, ganz allein auf dem sandigen Osenberg stand. „Ach Gott", sprach der Graf zu sich selbst, „wenn man doch nur einen kühlen Trunk hätte!" Da trat aus dem Berg eine wunderschöne Jungfrau und reichte ihm ein prachtvolles Trinkhorn mit den Worten: „Trinket nur, lieber Herr, es wird Euch nicht schaden, sondern Euch und dem ganzen Land Oldenburg zum Besten gereichen. Trinkt Ihr aber nicht, so wird Euer Grafenhaus in Zwietracht zerfallen."*

---

33 Unter dänischer Herrschaft wurde die Stadt vernachlässigt und verarmte zur Provinz. Katastrophen wie die allseits wütende Pest und ein Stadtbrand im Jahre 1676 zerstörten die Stadt fast ganz. Erst die Übernahme der Regentschaft ab 1773 durch das Haus Holstein-Gottorp, eine Seitenlinie der dänischen Oldenburger, und der damit verbundene Aufstieg der Grafschaft zum Herzogtum gaben der Stadt neue Impulse. Weiterzulesen in https://www.oldenburg.de

34 https://www.oldenburg.de/startseite/tourist/zeitgeschichte/sagen-rund-um-oldenburg/oldenburger-wunderhorn.html, abgerufen am 16.02.2024.

Graf Otto aber, dem der Trank merkwürdig anmutete, trank nicht, sondern schüttete das Horn in hohem Bogen aus. Einige Tropfen spritzten auf den Rücken seines Pferdes und versengten das Fell des edlen Tieres. Der Graf wendete sein Pferd und galoppierte davon. Die Jungfrau aber verschwand wieder im Berg und ward nie mehr gesehen.

Das Trinkhorn blieb im Besitz der Oldenburger Grafen und wurde als besonderes Kleinod in Ehren gehalten. Zum Trinken jedoch konnte es nie genutzt werden. Wie edel der Trank auch sein mochte, der hineingefüllt wurde, er nahm in dem Horn einen widerlichen Geschmack an.“

„Nacherzählt von Isabelle Yegine (zuletzt geändert am 9. Oktober 2023)“.

Nun gut, dort geht es also hin: „Ein widerlicher Geschmack“.

Doch bevor die Klage in diesem Oldenburg eingereicht wird, findet das übliche juristisches Vorgeplänkel statt. Man nennt es Widerspruchs- oder Vorverfahren, das es bei diesen Fortsetzungsfeststellungsklagen nicht unbedingt geben muss. Darüber streiten seit langem einige Juristen, vielleicht nicht in Oldenburg. Man könne auch sofort klagen, schreibt die Fachliteratur aus den Universitätsstädten. Wie auch immer, schnell wird bereits in diesem tatsächlich durchgeführten Vorverfahren klar, wie grotesk die Argumentation der Gesundheitsbehörde Aurich ist:

Ungeprüfter Diensteifer und Rechtspositivismus[35] („wir müssen uns an die Vorschriften halten“) verbunden mit einer bizarren Angst, Gesunde könnten Gesunde anstecken,

35 Der Rechtspositivismus ist eine Lehre in der Rechtstheorie und Rechtsphilosophie, die für Fragen der Entstehung, Durchsetzung und Wirksamkeit von Rechtsnormen allein auf das staatlich gesetzte und das staatlich anerkannte Recht abstellt. Damit wendet sich der auf den Staat als rechtssetzende Autorität reflektierende Rechtspositivismus gegen die naturrechtlichen Auffassungen, Recht entstamme allgemeingültig anerkannten vorstaatlichen oder auch überzeitlichen Regelungen.

noch aberwitziger, gesunde Schulkinder könnten gesunde Schulkinder anstecken. So wird schnell offenkundig, wie sich die Ausgangslage darstellt. Eine Akteneinsicht ergibt, wie die Verwaltung den Fall akribisch „aufarbeitet". Wie immer geschieht dies in hässlich grauen Akten.

Die Behördenakte

An dieser Stelle lohnt sich ein Rückblick auf jenen 9. September 2020. Es ist 8:00 Uhr morgens:

Neuerdings gibt es Hygienekontrolleure, so zumindest im benachbarten Landkreis Leer in Ostfriesland, westlich gelegen von Oldenburg und von *„widerlichen Geschmack"*. Ob die Hygienekontrolleure die Fahrkartenkontrolleure in Bussen und Bahnen ersetzen, ist unbekannt. Einer dieser Hygienekontrolleure ist Herr Cooper[36] von der Stadtverwaltung Leer. Er hat Ungeheuerliches entdeckt. Er greift zum Telefon, vielleicht ein alter speckiger Apparat, der schon immer in seiner Amtsstube steht. Cooper meldet seinen Kollegen im Gesundheitsamt Aurich einen für ihn dringenden Verdachtsfall. Seine Meldung lautet sinngemäß:

Simon F. (7 Jahre alt) aus Nortmoor bei Leer sei seit dem 29.08.2020 erkrankt. Auch sein Vater Stefan F. sei seit dem 31.08.2020 erkrankt. Aber was hat Leer mit Aurich zu tun? Beide Städte trennen 37 Kilometer. Diese Frage wird auch Herr Iban[37] vom Gesundheitsamt Aurich gestellt haben. Doch Cooper vom Gesundheitsamt Leer wird eifriger und hartnäckiger: Der 7-jährige Simon habe einen 9-jährigen Bruder namens Jonas. Er ernennt das Kind Jonas F. behördlich zur

36 Name vom Verfasser geändert.

37 Name vom Verfasser geändert.

„Indexperson". Auch Jonas sei erkrankt und gehe seit dem 29. August 2020 nicht mehr zur Schule, heißt es eifrig von Cooper. Doch noch immer bleibt die Frage, was dies alles mit Aurich zu tun hat. Cooper erklärt es dienstvoll, denn er hält sich an die Vorschriften.

Wie nach einem eingeschlagenen Blitz wird plötzlich auch Iban vom Gesundheitsamt Aurich das wahre Ausmaß der ungeheuerlichen Gefahrenlage für den gesamten Landkreis Aurich deutlich. Iban ist plötzlich hellwach an diesem frühen Morgen. Das Kreisgebiet, zu dem auch die ostfriesischen Inseln Juist, Norderney und Baltrum zählen, umfasst immerhin 1.287,31 Quadratkilometer mit einer Bevölkerungsdichte von 147 Einwohnern pro 10.000 Quadratmeter[38]. Nun besucht die höchstgefährliche Indexperson Jonas die Waldorfschule in der Schulstraße in Aurich inmitten des Gefahrengebietes des Landkreises. Die 9-jährige „Indexperson Jonas" war zuletzt am 28. August 2020 in Aurich in der Schule. Das ist zwar einige Zeit her, aber heute am 9. September 2020 ist der Fall unaufschiebbar. Denn die Kollegen vom Gesundheitsamt Leer sind sich sicher, es muss sich um klinisch-epidemiologisch bestätigte COVID-19-Erkrankungen handeln. Bis heute ist zwar nicht bewiesen, dass die beiden Geschwister tatsächlich an Covid-19 erkrankten, doch Iban muss handeln. Cooper tat es vor ihm. Das gebietet schon die Amtshilfe unter Kollegen. Und Iban handelt.

Gefahrenlage erkennen und ohne schuldhaftes Zögern (also sofort) Maßnahmen ergreifen, lautet nun die Devise der Behörde. Im Gesundheitsamt Aurich wird Großalarm ausgelöst. Um 8:50 Uhr erreicht das Gesundheitsamt die telefonische Bestätigung, die Hälfte einer vierten Schulkasse der Freien Waldorfschule Aurich, in welcher besagte „Indexperson Jonas" bis zum 28.08.2020 den Unterricht besuchte, leide

38 www.statistik.niedersachsen.de und www.landkreis-aurich.de , abgerufen am 05.01.2024.

unter Erkältungssymptomen, zwar eine Falschmeldung wie sich später herausstellt. [Tatsächlich hatte ein Kind dieser Schulklasse Schnupfen. Ein weiteres Kind hatte sich am Vortag (08.09.2020) „schlapp" gefühlt. Ein drittes Kind musste „die Tage niesen", heißt es in einem Aktenvermerk des Gesundheitsamtes Aurich.] Der Umstand aber, dass sich ein Kind „schlapp fühlte", rechtfertigt für Iban nun die höchste Gefährdungslage der 1. Kategorie. Iban muss handeln, es ist seine Chance.

Tatsächlich aber sind alle 14 Kinder kerngesund. Deshalb sitzen sie am 9. September auch freudig in der Schule. Schnell ist die gesamte Liste mit allen Namen und Adressen dieser vermeintlich schwer erkrankten vierten Schulklasse der Waldorfschule an die Gesundheitsbehörde verschickt. Datenschutz kann hier jetzt keine Rolle spielen, zu ernst sind die Gefahren. Die Schule meldet dem Gesundheitsamt dienstbeflissen 14 anwesende Kinder plus die „Indexperson" Jonas F., der aber seit dem 29.08.2020 zu Hause in Leer geblieben war. Gut so, könnte man meinen, denn das Kind wollte sich möglicherweise ausruhen. Der letzte Kontakt der vierten Schulklasse zu der „Indexperson" Jonas F. ist jetzt also 12 Tage her. Egal, die Waldorfschule gehorcht und hilft auf dem kleinen Dienstweg sofort, besonders gern dem Amt für vorgegebene Gesundheit.

Seit dem 2. September besucht auch Vincent voller Vertrauen die vierte Klasse der Waldorfschule Aurich, wir erinnern uns, angedacht zunächst als Hospitation mit dem Ziel der weiteren Beschulung. Vincent kennt die „Indexperson" Jonas F. nicht. Er hat ihn nie gesehen und nie gesprochen. Es gab nie einen persönlichen Kontakt zwischen Vincent und Jonas F. Schade, sagt sich Vincent heute. Den Jonas aus Leer hätte er gern kennengelernt. Am Morgen des 09.09.2020 sitzt er neben seinem Freund Lars. Auch gut oder besser.

Im Gesundheitsamt Aurich wird parallel der Großalarm abgewickelt. Schnell sind die Schutzanzüge und PCR-Tests im Fahrzeug verpackt. Die Masken sind vorschriftsgemäß am Mann. Ein letzter Blick in die Empfehlungen des Robert-Koch-Instituts (RKI) zur *„Kontaktpersonennachverfolgung bei respiratorischen Erkrankungen durch das Coronavirus SARS-CoV 2 (kurz „KP-N") "* erübrigt sich, denn man ist sich sicher, in beengter Raumsituation (Schulkasse) sind alle Kinder Kontaktpersonen der höchstgefährlichen 1. Kategorie, gleichgültig ob symptomatisch oder nicht symptomatisch. Es muss sofort und unbedingt getestet werden zur frühzeitigen Erkennung von prä- oder asymptomatischen Infektionen. Und dann ab mit den Kindern in die häusliche Quarantäne, ein böser Schnitzer, ein grober Fehler, wie sich zweieinhalb Jahre später herausstellen soll. Doch egal, es muss gehandelt werden. Iban mahnt zur Eile. Und so geschieht es.

Später versuchte das Gesundheitsamt Aurich das Handeln zu rechtfertigen:

> *„Insofern wurde durch das Gesundheitsamt Aurich am Vormittag des 09.09.2020 für geeignet, erforderlich und angemessen erachtet, eine Diagnostik auf Infektion mit Coronavirus Sars-CoV-2 mittels Rachenabstrich an so vielen Schülern wie nur möglich bei der betreffenden Klasse durchzuführen, um zeitnah einen repräsentativen Überblick über ein potentielles COVID-19-Ausbruchsgeschehen, welches durch das Gesundheitsamt Aurich als relevant wahrscheinlich angenommen werden musste und wurde, um weitere notwendige Maßnahmen in die Wege zu leiten"* [39].

Die Eigenwilligkeit dieser grotesken Verhältnismäßigkeitsprüfung soll später eine mitentscheidende Rolle im Klageverfahren vor dem Verwaltungsgericht Oldenburg spielen. Doch

39 Blatt 000061 der Behördenakte des Gesundheitsamts Aurich.

der Prozess zieht sich Monate hin. Genauer werden es fast drei Jahre. Wir kommen später darauf zurück.

Inzwischen neigt sich das Jahr 2020 seinem Ende zu. Es ist eine Adventszeit ohne Weihnachtsmärkte. Die Weihnachtsvorbereitung finden mit Abstand und Masken statt. Es wird ein Weihnachten mit Besuchsbeschränkungen und Kontaktverboten, denn die Kinder könnten Oma und Opa anstecken. Der „Angstplan" aus dem Ministerium fruchtet immer mehr.

Doch was ist aus unserer Strafanzeige geworden?

Die Staatsanwaltschaft

Die Strafanzeige ist längst bei der Staatsanwaltschaft Aurich eingegangen. Das Schriftstück erhält den Eingangsstempel „16.09.2020" und wird unter dem Aktenzeichen 410 Js 24934/20 geführt. Das Fachkommissariat 1 der Polizeiinspektion Aurich / Wittmund bekommt von der Staatsanwaltschaft Aurich den Auftrag, den Fall zu ermitteln, genauer *„im Rahmen der rechtlichen Bewertung zunächst die Gesamtumstände der Testung zu ermitteln"*, also im Grunde genommen alles. Anfang Oktober 2020 geht es los:

Der zuständige Kriminalhauptkommissar schreibt an den Landkreis (also an die Testbehörde selbst) insgesamt 12 Fragen, unter anderem warum, wer, wann und wie getestet wurde, ob Erziehungsberechtigte vorher angehört wurden, was das Ergebnis war, ob es ein invasiver Eingriff war, ob ein Kind über Schmerzen geklagt hat, ob Corona-Tests Schmerzen verursachen [40]. Der Kommissar ermittelt. Andere Stellen schreibt er nicht an.

---

40 Bl. 39 und 40 der Ermittlungsakte NZS 410 Js 24934/20 (Staatsanwaltschaft Aurich).

Solche Ermittlungen dauern. Die Antwort aus Aurich lässt gut zwei Monate auf sich warten. Eine Woche vor Weihnachten 2020 beantwortet das Auricher Amt für Gesundheitswesen höchstselbst diese Fragen[41]. Das meiste ist längst bekannt. Neu allerdings sind folgende Antworten ohne jeden beigefügten Beleg[42]:

> *„Bei einem PCR-Rachenabstrich handelt es nicht um einen invasiven Eingriff (nicht gewebsverletzende medizinische Diagnostik oder Therapeutik).*
>
> *Darüber hinaus war das Amt für Gesundheitswesen des Landkreises Aurich im vorliegenden Falle unbedingt daran interessiert, der Mutter von Vincent Gelegenheit zu geben, sich zu den erheblichen Tatsachen zu äußern. Die äußeren Umstände am Vormittag des 09.09.2020 haben dies jedoch leider nicht zugelassen, da kein Kontakt zur Mutter hergestellt werden konnte. Die Maßnahme wurde daher kindgerecht vorbereitet und mit dem betreffenden Schüler besprochen, der bereitwillig seine Zustimmung erteilt hat.*
>
> *Ob ein Kind vor Ort über Schmerzen geklagt hat, ist den Mitarbeitern des Amtes für Gesundheitswesen des Landkreises Aurich nicht bekannt geworden.*
>
> *Ein PCR-Rachenabstrich, so wie er bei den Schülerinnen und Schülern der Freien Waldorfschule Ostfriesland Aurich durchgeführt worden ist, verursacht keine Schmerzen und ist auch nicht unangenehm. Die zuständigen Mitarbeiter sind in ihrer Arbeit sehr versiert und geschult".*

Diese Antworten genügen dem Staatsanwalt. Weitere Ermittlungen werden von ihm nicht veranlasst. Was jetzt folgt, ist bis heute nicht zu verstehen und klingt unfassbar:

---

41 Schreiben des Amtes für Gesundheitswesen des Landkreises Aurich vom 16.12.2020 (Bl. 46-50 der Ermittlungsakte NZS 410 Js 24934/20).

42 Unterstreichungen erfolgten durch den Verfasser.

Einen Tag vor Weihnachten 2020 stellt die Staatsanwaltschaft Aurich das Ermittlungsverfahren komplett ein (§ 170 Abs. 2 StPO). *„Die Ermittlungen haben ergeben, dass eine Straftat, insbesondere eine Körperverletzung im Amt, nicht vorlag"*, heißt es in der Einstellungsmitteilung[43]. Und in der Begründung ist unter anderem zu lesen:

> *„Unabhängig von der Frage, ob das betroffene Kind ... tatsächlich durch den Rachenabstrich nicht nur unerhebliche Schmerzen erlitten und insbesondere die von Ihnen vorgetragenen und auch in dem eingereichten Attest niedergelegten psychischen Folgen davongetragen hat, stellt sich der Eingriff als rechtmäßig dar. Von der Einholung eines Sachverständigengutachtens zur Überprüfung der bezüglich der Folgen des Eingriffs aufgestellten Behauptungen habe ich daher abgesehen".*

Das also ist das Ergebnis der fast dreimonatigen „Ermittlungen" seit Eingang der Strafanzeige. Fassungslos besprechen wir diese Mitteilung mit Julia und Jan. Ein dreifacher Rachenabstrich ist also *„nicht invasiv"*, verursacht angeblich *„keine Schmerzen"*, ist *„nicht unangenehm"*? *„Kindgerecht"* soll der Zwangstest vorbereitet worden sein und Vincent soll *„bereitwillig seine Zustimmung erteilt"* haben? Was für eine unfassbare Lüge der Behörde. Und dies alles glaubt ein Staatsanwalt ausgerechnet derselben Testbehörde, die diese Verwaltungsmaßnahme am 9. September und die nachgewiesenen Verletzungen von Vincent zu verantworten hat. Bedenklicher noch, ausgerechnet ein Staatsanwalt (nicht etwa ein Richter) stellt fest, dass damit alles *„rechtmäßig"* war. Jan und Julia fragen verwundert, ob der Staatsanwalt das bessere Verwaltungsgericht ist. „Wozu klagen wir dort eigentlich vor dem Verwaltungsgericht, wenn der Staatsanwalt doch alles weiß", fragen sie. Das ausführliche Attest der Fachärztin und ihre drei ausführlichen Seiten

---

43 Bl. 52 ff. a.a.O.

werden nicht berücksichtigt. Sie werden beiläufig gerade einmal erwähnt („*unabhängig von der Frage…*").

Wir entscheiden, gegen diese Feststellungen Beschwerde einzulegen. So kommt es auch. Doch die Eigenwilligkeiten sollen sich noch erhöhen.

Beschwerde beim General

Das neue Jahr 2021 ist angebrochen. Es herrscht eisige Kälte in Deutschland in diesem zweiten Corona-Jahr. Für Vincent ist eine vorübergehende Lösung im sogenannten „*Homeschooling*" gefunden worden. „*Homeschooling*", übrigens einer dieser merkwürdigen Anglizismen wie boostern, leaken, Homeoffice, Lockdown, Deadline. Mir fällt die Frist ein: Die „Deadline" für die Beschwerde gegen die Einstellung der Staatsanwaltschaft ist der 4. Februar 2021. Also verfassen wir zehn kompakte Seiten und schicken sie zur Staatsanwaltschaft. Es sind zehn Seiten mit allen unseren rechtlichen und medizinischen Argumenten, die nachgewiesenen Verletzungen, belegt durch das Attest der Fachärztin. Außerdem: *Ein Test aus dem Oropharynx (Mundrachenraum) sei sehr wohl „invasiv", Julia sei als Mutter vorher nie angehört worden, Vincent habe man belogen, seine Mutter sei einverstanden gewesen und Vincent habe nach dem Zwangstest heftige Halsschmerzen gehabt. Überhaupt sei der PCR-Test nicht geeignet, um infektionsfähige Viren oder Virusteile nach durchgemachter Infektion nachzuweisen usw. usw.*

Der zehnseitige Schriftsatz trägt die kühne Überschrift „Beschwerde". Das hat die Justiz nicht gern. Rasch landet das Papier beim „General", wie man ihn unter Staatsanwälten nennt, anderenorts vielleicht „Chef", „Kommandeur", „Leiter", „Vorgesetzter". Hier aber heißt der höchst offizielle Titel „Generalstaatsanwaltschaft Oldenburg / Der Generalstaatsanwalt" / Dienstgebäude Mozartstraße in Oldenburg. *„Der"* wird großgeschrieben in der Amtssprache. Das klingt preußisch und zackig, es klingt amtlich, hoheitlich und streng, auch wenn das Dienstgebäude in der „Mozartstraße"[44] ist.

Am 8. März 2021 verfasst „Der General" eine hoheitliche Antwort auf die Beschwerde. Es sind ganze vier kurze Absätze[45]:

Sachverhalt geprüft, kein Anlass für Beanstandungen gefunden.

Zack !

Covid-19-Test wird auch hier als nichtinvasiv eingestuft.

Zack !

Wörtlich: „Sollte das Verwaltungsgericht „wider Erwarten" (...) die Testung als rechtswidrig einstufen, käme eine Strafbarkeit des durchführenden Mitarbeiters des Gesundheitsamtes wegen eines – angesichts des Pandemiegeschehens und der Eilbedürftigkeit von Entscheidungen – unvermeidbaren Verbotsirrtums nicht in Betracht."

Zack !

Seelische Beeinträchtigungen des Kindes beruhen nicht nur auf Rachenabstrich, sondern auch auf Selbstmord des Vaters, Beeinträchtigungen durch vorheriges Maskentragen, beabsichtigten Schulwechsel und Ablehnung durch Waldorfschule.

Zack !

Das muss man sacken lassen. Welch eine erstaunliche Antwort aus Oldenburg. *„Wider Erwarten"*? Der „General" erwartet also nicht, dass das Verwaltungsgericht ausschert und etwa eine Rechtswidrigkeit feststellen könnte. Wie kommt der für

---

44 Dazu heißt es erhellend in onlinestreet.de: „Mozartstraße in Oldenburg (Osternburg). In beide Richtungen befahrbar. Die Höchstgeschwindigkeit beträgt 30 km/h. Fahrbahnbelag: Asphalt.

45 Bl. 68 ff. a.a.o. (Az. NZS 500 Zs 57/21).

das Strafrecht zuständige General auf diesen Gedanken? Ich überprüfe an dieser Stelle noch einmal alle Schriftsätze an das Verwaltungsgericht und kann nichts Falsches an unseren Ausführungen feststellen.

Doch selbst wenn sich dieses „Erwarten" nicht erfüllen sollte, entdeckt der General sogleich das „Schlupfloch" für den gehorsamen Amtmann, vielleicht für die Herren Iban und Cooper und wie sie heißen mögen, den „unvermeidbaren Verbotsirrtum".

Der juristische Fachbegriff übersetzt bedeutet hier also:

Ausgerechnet die *„versierten und geschulten"* Mitarbeiter des Gesundheitsamtes (s.o.) durften sich straffrei irren, dass ihr Handeln nicht verboten ist, weil Pandemie ist und *„Eilbedürftigkeit"* bestand. Grotesk! Beide Mitarbeiter in ihren gehobenen Amtspositionen konnten diesen Irrtum auch nicht vermeiden, ausgerechnet nicht die *„versierten"* und *„geschulten"* Herren Cooper und Iban. Noch grotesker! Man muss den Text mehrfach lesen, diese Antwort des Generals. Später lese ich in zahlreichen Entscheidungen des Bundesgerichtshofs (BGH) die Definitionen nach[46]. Vereinfacht und zusammengefasst:

46 Gemäß § 17 Satz 1 StGB entschuldigt ein Verbotsirrtum den Täter, wenn er diesen nicht vermeiden konnte. Ein Verbotsirrtum kommt nur in Betracht, wenn dem Täter die Einsicht fehlt, Unrecht zu tun. Nach ständiger Rechtsprechung des Bundesgerichtshofs braucht der Täter die Strafbarkeit seines Vorgehens nicht zu kennen; es genügt, dass er wusste oder hätte erkennen können, Unrecht zu tun (BGH, Beschluss vom 2. April 2008 - 5 StR 354/07, NJW 2008, 1827, 1830; Urteil vom 11. Oktober 2012 - 1 StR 213/10, NJW 2013, 93, 96, jeweils mit mwN). Ein Verbotsirrtum ist unvermeidbar, wenn der Täter trotz der ihm nach den Umständen des Falles, seiner Persönlichkeit sowie seines Lebens- und Berufskreises zuzumutenden Anspannung des Gewissens und unter Einsatz aller seiner Erkenntniskräfte und sittlichen Wertvorstellungen die Einsicht in das Unrechtmäßige nicht zu gewinnen vermochte. Verbleiben Zweifel, ob das Verhalten verboten ist, besteht eine Erkundigungspflicht (st. Rspr.; vgl. etwa BGH, Urteil vom 23. Juli 2019 - 1 StR 433/18, NStZ-RR 2019, 388, 390). Dabei müssen sowohl die Auskunftsperson als auch die Auskunft aus Sicht des Täters verlässlich sein; die Auskunft selbst muss zudem einen unrechtsverneinenden Inhalt haben. Eine Auskunft ist in diesem Sinne nur

Unrechtsbewußtsein

Ein Verbotsirrtum nach § 17 StGB kommt nur in Betracht, wenn dem Täter die Einsicht fehlt, Unrecht zu tun. Nach ständiger Rechtsprechung des Bundesgerichtshofs braucht der Täter die Strafbarkeit seines Vorgehens nicht zu kennen; es genügt, dass er wusste oder hätte erkennen können, Unrecht zu tun.

Unvermeidbarkeit

Die Unvermeidbarkeit eines Verbotsirrtums setzt voraus, dass der Täter alle seine geistigen Erkenntniskräfte eingesetzt und etwa aufkommende Zweifel durch Nachdenken oder erforderlichenfalls durch Einholung verlässlichen und sachkundigen Rechtsrats beseitigt hat.

Andere Juristen mögen heute weitere Einzelheiten dazu kommentieren. Ich denke an den „widerlichen Geschmack" des Oldenburger Wunderhorns.

Andere Umstände sollen also schuld sein an Vincents Verletzungen am 9. September, an seinen *„Beeinträchtigungen"* gemäß Amtsdeutsch. Es soll also (auch) der Selbstmord des Vaters sein, das Tragen der Maske, was Vincent nie tat. Es sollen der Schulwechsel und natürlich die Waldorfschule mitschuldig sein. Das also ist der Beginn, ein Geschehen „auf den Kopf" zu stellen, die Verantwortung bei anderen zu suchen, noch dazu bei dem Kind selbst. Das also ist die Lesart der Staatsanwaltschaft und des Generalstaatsanwalts.

---

dann verlässlich, wenn sie objektiv, sorgfältig, verantwortungsbewusst und insbesondere nach pflichtgemäßer Prüfung der Sach- und Rechtslage erteilt worden ist. Bei Auskunftspersonen ist dies der Fall, wenn sie die Gewähr für eine diesen Anforderungen entsprechende Auskunftserteilung bieten. Hinzu kommt, dass der Täter nicht vorschnell auf die Richtigkeit eines ihm günstigen Standpunkts vertrauen und seine Augen nicht vor gegenteiligen Ansichten und Entscheidungen verschließen darf (vgl. Senat, Urteil vom 22. Februar 2017 – 2 StR 573/15, NStZ 2018, 215, 217 mwN).

Mit solchen Antworten, mit einer solchen Umkehr der Argumentation war nicht zu rechnen. Die Stimmung ist getrübt. Und doch entscheiden wir, jetzt erst recht nicht aufzuhören. Wir entscheiden, in die „dritte Instanz" zu gehen. Das kann so nicht stehen bleiben, lautet das Ziel. Außerdem läuft ja immer noch das Klageverfahren vor dem Verwaltungsgericht. Dort geht es um die Feststellung der Rechtswidrigkeit, hier um Strafrecht.

Klageerzwingungsverfahren

Nach einem eingestellten Ermittlungsverfahren im Strafrecht ist das rechtliche Instrument für eine „dritte Instanz" der sogenannte *„Klageerzwingungsantrag"*, ein sperriger Begriff aus alten Zeiten, aber immer noch gültig, einzureichen beim Oberlandesgericht. Wieder ist es Oldenburg. Noch einmal wägen wir die Erfolgsaussichten gründlich ab und entscheiden uns dann für einen solchen Antrag. Auch wenn wir die Rechte von Vincent nicht „erzwingen" können, soll besser nichts unversucht bleiben, neben der Rechtswidrigkeit auch die Strafbarkeit der Zwangstestung gerichtlich feststellen zu lassen.

Am 8. April 2021 liegt unser schriftlicher Antrag beim Oberlandesgericht mit dem Ziel, die Erhebung einer öffentlichen Anklage gegen die Mitarbeiter des Gesundheitsamtes wegen Körperverletzung im Amt anzuordnen. Nach wie vor sind wir überzeugt von dem ausführlich begründeten Attest der Fachärztin. Auf sechs Seiten werden erneut alle Argumente zusammengefasst. Die Kernsätze lauten:

> *„Bei jedem PCR-Test wird tief im Mund- oder Nasen-Rachen-Raum getestet. Der Begriff „invasiv" bedeutet laut Wikipedia „eindringend" und bezieht sich auf gewebsverletzende medi-*

zinische Diagnostik oder Therapeutik. Wenn in früheren Zeiten bereits der „kleine Spiegel" des Schulzahnarztes im Rahmen von schulärztlichen Reihenuntersuchungen als „invasiv" betrachtet wurde und wird und deshalb die Einwilligung der Eltern erforderte, muss dies erst recht für einen Test im Inneren des Körpers gelten (Nasen-Rachen-Raum). Hier wurde unzweifelhaft in das Körperinnere des Kindes eingedrungen und eine Gewebsprobe genommen. Dies ist bereits nach dem Gesetz der Logik „invasiv" und eine Körperverletzung."

„Ein geschulter und versierter Mitarbeiter des Gesundheitsamtes kann sich schon aufgrund vorheriger Schulung nicht auf einen Verbotsirrtum berufen. Zumindest hätte er den Irrtum vermeiden können".

Jetzt liegen also beide Verfahren in Oldenburg, das strafrechtliche und das verwaltungsrechtliche, allerdings bei verschiedenen Gerichten. Aber das sollte nicht ausschlaggebend sein, hoffen wir.

Doch die Hoffnung versiegt bereits nach vier Wochen im Mai 2021, zumindest was das strafrechtliche Verfahren vor dem Oberlandesgericht angeht.

Obiter dictum [47] des OLG Oldenburg

> *„Der Antrag, entgegen dem Bescheid der Generalstaatsanwaltschaft (...) die Erhebung der öffentlichen Klage zu beschließen, wird als unzulässig verworfen“,*

lautet der niederschmetternde Beschluss des Oberlandesgerichts [48]. Es folgen zwei Seiten insbesondere mit der Feststellung, aufgrund der Beweislage komme ein hinreichender Tatverdacht bezüglich einer Körperverletzung im Amt (...) oder anderer Delikte nicht in Betracht. Außerdem behauptet das Oberlandesgericht, die Maßnahme am 9. September 2020 sei geeignet und verhältnismäßig gewesen, um einer weiteren möglichen Ausbreitung des Coronavirus SARS-Cov-2 entgegenzuwirken. Beweise dafür werden nicht präsentiert. Bedenklich genug, könnte man sagen: Das Oberlandesgericht erledigt im Strafrecht gleich die Aufgaben des Verwaltungsgerichts mit.

Doch nicht nur dies ist im Beschluss zu lesen. Die drei Richter des Oberlandesgerichts (Mitglieder der Judikative) eröffnen plötzlich der gescholtenen Staatsanwaltschaft und dem Gesundheitsamt (Exekutive) ganz neue Wege. Es verschlägt uns den Atem. Fassungslos lesen wir weiter. Am Ende einer

---

47 Ein obiter dictum – lateinisch: das „nebenbei Gesagte“ – bezeichnet eine in einem Urteil geäußerte Rechtsansicht, die für die Begründung des Urteils selbst nicht erforderlich, nicht relevant ist. Im Gegensatz zu den ratio decidendi trägt ein obiter dictum die Entscheidung also nicht, sondern wird nur geäußert, weil sich in dem Urteil die Gelegenheit dazu bot. Obiter dicta finden sich öfter in Entscheidungen der letztinstanzlichen Gerichte, die auf diese Weise die sich ihnen bietende Möglichkeit nutzen, ihre Rechtsauffassung zu ähnlich gelagerten Fällen oder einem Grundsatz, der im konkreten Fall aus tatbestandlichen Gründen nicht entscheidungserheblich ist, zu äußern / www.proverbia-iuris.de , abgerufen am 05.01.2024.

48 Oberlandesgericht Oldenburg, Beschluss vom 10.05.2021, Az. 1 Ws 141/21.

dritten bzw. am Anfang einer vierten Seite des Beschlusses findet sich folgender Absatz [49]:

> *„(...) Dem steht auch das vom Antragsteller vorgelegte (undatierte) ärztliche Attest nicht entgegen. Denn der Beweiswert dieses Attests ist denkbar gering, weil sich dieses fast ausschließlich in der Wiedergabe der vom Antragsteller und seiner Mutter gegenüber der Ärztin mitgeteilten Sach- und Befindlichkeitslage erschöpft, so dass es -* **den Anfangsverdacht des Ausstellens unrichtiger Gesundheitszeugnis nach § 278 StGB begründend (...)** *– bereits mehr als fraglich erscheint, wie die ausstellende Fachärztin (für Allgemeinmedizin!) durch einen einzigen Vorstellungstermin des Antragstellers am 14. September 2020 zur Diagnose einer „schweren psychischen Traumatisierung, depressiven Phasen (anhaltendem Weinen), aggressivem Verhalten, Schlafstörungen, Alpträumen und Unsicherheit" gelangt sein will, die der Antragsteller „durch die Testung des Gesundheitsamtes und das Verhalten der Waldorf Schule" erlitten haben soll (...)".*

Der Beschluss ist unterzeichnet von drei Richtern, die wir nie persönlich kennengelernt haben. Es ist eine „Schreibtisch-Entscheidung" der Richter Vulhop, Leemhuis und Dr. Hunsmann, ohne jemals die Fachärztin vorher persönlich angehört, ohne die Grundsätze ihrer Fremdanamnese oder andere wichtige Einzelheiten ihrer ärztlichen Untersuchung gutachterlich überprüft zu haben. Nichts dergleichen ist hier erfolgt. Ohne eigene medizinische Expertise und ohne mit Vincent gesprochen zu haben, erheben diese drei Richter des Oberlandesgerichts – sie sind keine Mediziner – gegen die Fachärztin freiweg den Anfangsverdacht einer Straftat (Ausstellen eines unrichtigen Gesundheitszeugnisses). Waren sie dazu befugt? Sie sollten über die angezeigte mögliche Strafbarkeit der Mitarbeiter des Gesundheitsamtes entscheiden. Jetzt wird

49 A.a.O. [Unterstreichungen vom Verfasser].

der „Spieß umgedreht“. Für Vincent ist diese Entscheidung tatsächlich niederschmetternd, mehr noch für seine Ärztin. Später soll sich herausstellen, dass es eine unzutreffende Verdächtigung war (s.u.).

Und schon ist die Qualitätspresse wieder am Start mit diskreditierenden Vorverurteilungen [50]: *„Ärztin droht Ärger wegen Falsch-Attest“* lautet die Schlagzeile. *„Das Urteil des Oberlandesgerichts* (Anm. des Verfassers: Es war ein *Beschluss*) *bestätigt die Rechtsauffassung des Landkreises“*, jubelt der Landrat im Lokalblatt. *„Ich habe nichts anders erwartet“*, sagt er. *„Alles war rechtens“*, verunglimpft die Lokalpresse am 28. Mai 2021 die Ärztin. Wieso eigentlich *„alles“*? Das Urteil des Verwaltungsgerichts steht doch noch aus, was von der Presse einfach einmal übersehen wird.

Ich streiche an dieser Stelle im Manuskript die Überschrift „Die Täter“, obwohl es schwer fällt. Dazu muss der „Fall Aurich“ bis zum Ende gelesen werden. Ich bitte herzlich darum.

Die Kritik an der Judikative, genauer am 1. Strafsenat des Oberlandesgericht Oldenburg soll hier deutlich ausfallen: Der frühere Präsident des Bundesverfassungsgerichts Hans-Jürgen Papier erklärt zwei Jahre später in einer Podiumsdiskussion [51]:

> *„Ich habe das Versagen der Judikative damit begründet, dass sie insbesondere der Exekutive nicht rechtzeitig aufgegeben hat, für eine gesichertere Datenbasis zu sorgen, damit eben in absehbarer Zeit eine wirklich genauere Beurteilung der wirklichen Gefahrenlage, aber auch der Geeignetheit, der Effektivität, der Erforderlichkeit und der Verhältnismäßigkeit der einzelnen Schutzmaßnahmen möglich wird. Das hätte man in den Eilentscheidungen machen können, diese Anordnung*

50 Ostfriesische Nachrichten vom 28.05.2021.

51 Veranstalter „denkfabrik R 21“ in der Vertretung des Freistaates Sachsen in Berlin, 18.09.2023, Min. 2:39:25.

treffen, aber es fehlte eben, wenn ich so sagen darf, der Mut. So, dass das alles dann […] letztlich endete in einer großen Rechtsschutzverweigerung."

Dem ist nichts hinzuzufügen, außer vielleicht noch, dass es eine unrichtige Verdächtigung zu Lasten der Fachärztin war. Dennoch sind die strafrechtlichen Instanzen damit abgeschlossen. Die Mitarbeiter des Gesundheitsamtes haben sich also nach der Diktion des OLG nicht strafbar gemacht. Wie wird jetzt das Verwaltungsgericht entscheiden? Vor allem wie wird die Staatsanwaltschaft mit dem vom OLG geäußerten Verdacht umgehen? Wir ahnen wenig Gutes.

TEIL IV: UMKEHR DER VERHÄLTNISSE

Strafverfahren gegen die Ärztin

Kritische Ärzte haben es schwer in den Corona-Jahren 2020 bis 2023 und darüber hinaus. Beispiele dafür liefert die deutsche Strafjustiz landauf und landab wie am Fließband. Namen wie Prof. Dr. Sucharit Bhakdi, Perin Dinekli aus Offenburg, Dr. Heinrich Fiechtner aus Stuttgart, Dr. Heinrich Habig aus Recklinghausen, Dr. Carola Javid-Kistel aus Duderstadt, Dr. Monika Jiang aus Weinheim, Rolf Kron aus Kaufering, Dr. Thomas Külken aus Staufen, Dr. Walter Weber aus Hamburg, Dr. Ronald Weikl aus Passau, Dr. Bianca Witzschel aus dem Kreis Meißen nur um einige der bekannteren Mediziner zu nennen, sie alle machten und machen bis heute ihre bitteren

Erfahrungen mit der deutschen Strafjustiz[52]. Diesen Strafverfahren ist gemeinsam, dass alle Ärzte ihr berufliches Ethos als Mediziner in den Vordergrund ihres Handelns gestellt haben. Jetzt ist die Fachärztin aus Ostfriesland an der Reihe.

Die Antwort der Staatsanwaltschaft lässt auch hier nicht lange auf sich warten. Die beispiellose Kriminalisierungswelle gegen kritische Ärzte erreicht auch Ostfriesland und die Fachärztin, die Vincent das Attest ausgestellt hat. Aus der Strafakte erfahren wir, wie im „Fall Aurich" vorgegangen wird:

Zehn Tage nach Verkündung des Beschlusses verfügen die drei Richter des 1. Strafsenats des Oberlandesgerichts, eine Leseabschrift für die Sammlung herzustellen und die Akte an die Generalstaatsanwaltschaft zurückzugeben mit der „Bitte um weitere Veranlassung". Es steht nicht in der Akten, was „veranlasst werden soll". Es ist die Staatsanwaltschaft Aurich, die wie selbstverständlich alles weitere „veranlasst". Sie wird interessanterweise auch noch begleitet von der Landesärztekammer, einer weiteren Behörde, die plötzlich auf den Plan tritt. Denn kurz vor den „weiteren Veranlassungen" wird der Staatsanwaltschaft von der Landesärztekammer Niedersachsen mit Sitz in Hannover gemeldet, da habe es doch den lokalen Pressebericht am 28. Mai gegeben, dass eventuell Ermittlungen gegen die Fachärztin für Allgemeinmedizin eingeleitet worden

52 Amtsgericht Plön betr. Prof. Dr. Sucharit Bhakdi [Az. 32 Ds 5 OJs 9/21].
Amtsgericht Offenburg betr. Perin Dinekli [Az. 5 Cs 200 Js 12829/20 (3)].
Amtsgericht Stuttgart betr. Dr. Heinrich Fiechtner [Az. 11 Ds 2 Js 95754/22].
Landgericht Bochum betr. Dr. Heinrich Habig [II-12 KLs-35 Js 540/22-6/23].
Landgericht Mannheim betr. Dr. Monika Jiang [Az. 12 NBs 206 Js 23405/20].
Amtsgericht Staufen im Breisgau betr. Dr. Thomas Külken [Az. 1 Cs 310 Js 39649/20].
Amtsgericht Landsberg betr. Rolf Kron [Az. 6 Ls 106 Js 137768/20].
Landgericht Passau betr. Dr. Ronald Weikl [Az. 2 NBs 53 Js 14570/20 (3)]
Landgericht Dresden betr. Dr. Bianca Witzschel [Az. 15 KLs 734 Js 35923/21].

sind[53], und ja, das interessiert natürlich die Landesärztekammer brennend „im Rahmen der Berufsaufsicht". Jetzt arbeiten sie Hand in Hand, die Behörden, emsig und fleißig.

Im Oktober 2021 erreicht uns die bittere Nachricht von der Polizei Aurich / Wittmund, dass tatsächlich ein Ermittlungsverfahren gegen die Fachärztin angelaufen ist. Der strafrechtliche Tatvorwurf lautet: Ausstellen eines unrichtigen Gesundheitszeugnisses (§ 278 StGB)[54]. Und tatsächlich, es geht um das ärztliche Attest für Vincent. Ich melde mich zur Akte, schicke die Vollmacht nach Aurich und bekomme Akteneinsicht. Im Dezember 2021 nehme ich für die Fachärztin Stellung und weise die Vorwürfe zurück:

> *„Zu berücksichtigen ist (...), dass nach wie vor unter dem Aktenzeichen 7 a 2609/20 vor der 7. Kammer des Verwaltungsgerichts Oldenburg eine Fortsetzungsfeststellungsklage gegen den Landkreis Aurich anhängig ist. Dort ist beantragt worden, die Unverhältnismäßigkeit und Rechtswidrigkeit der Covid-19-PCR-Testung vom 09.09.2020 festzustellen. Ein Verhandlungstermin ist noch nicht anberaumt. Die Presseüberschrift „Alles war rechtens" kann somit nicht maßgeblich für die Einleitung eines Ermittlungsverfahrens gegen die Ärztin sein (...).*
>
> *Vielmehr hat die Betroffene als approbierte Fachärztin ein ordnungsgemäßes und medizinisch gewissenhaft begründetes Gesundheitszeugnis ausgestellt, nachdem sie das Kind zuvor ausführlich untersucht und mit dem kleinen Jungen gesprochen hat. Es ist demnach nicht ersichtlich, aufgrund welcher Tatsachen angeblich ein hinreichender Tatverdacht für die Ausstellung eines unrichtigen Gesundheitszeugnisses bestehen soll".*

53 Schreiben ÄKN vom 08.06.2021 (Bl. 3 der Ermittlungsakte NZS 310 Js 18125/21 – Amtsgericht Aurich).

54 Az. NZS 310 Js 18125/21 – Amtsgericht Aurich.

Der Schriftsatz endet mit dem Antrag, die Ermittlungen einzustellen[55].

Wir hoffen auf eine weise Entscheidung der Staatsanwaltschaft. Kann man darauf noch hoffen? Inzwischen schreiben wir das zweite Corona-Jahr 2021. Und wieder ist Weihnachtszeit ohne Weihnachtsmärkte, dafür aber Abstand und Maskenpflicht. Die Fachärztin hat sich noch nicht ganz von dem Schreck des Ermittlungsverfahrens erholt und hofft – wie wir alle – auf eine rasche Beendigung des öffentlichen Tribunals gegen sie. Noch nie in ihrer 35-jährigen Berufstätigkeit als Ärztin hat sie sich einer solchen Belastung stellen müssen. Die Gedanken daran sind für sie unerträglich und begleiten sie tagtäglich privat und im Berufsalltag, in dem sie sich mit Fürsorge und Verantwortung um ihre Patienten kümmern muss. Wer einmal „unschuldig" ein strafrechtliches Ermittlungsverfahren hinter sich hat, wird ein Lied von dieser Last singen können.

Auch für Vincent und Julia steigen die inneren Belastungen unermesslich. Zweifel und Selbstvorwürfe bestimmen dieses Weihnachten, den Jahreswechsel und die nächsten Monate. Jetzt sind sie womöglich auch noch schuld an dem Strafverfahren gegen die Ärztin. Sie waren es doch, die nach der Zwangstestung bei ihr angerufen und mit ihr gesprochen haben. Hätten sie das vielleicht besser nicht getan, grübeln sie. *„Doch doch, dafür war ich da, genau das ist meine Aufgabe und meine Berufung"*, beruhigt sie die Ärztin immer wieder mit einem reinen Gewissen und dem Wissen, nichts, aber auch gar nichts in strafrechtlicher Hinsicht falsch gemacht zu haben. Erneut besprechen wir das Attest vom 14. September 2020. Wir können weiterhin keinen einzigen Fehler entdecken. Wie kommen diese drei Richter des Oberlandesgerichts nur zu ihrem Verdacht, dem jetzt die Staatsanwaltschaft nachgeht?

---

55 A.a.O.

Unsere Hoffnungen auf eine weise Entscheidung der Staatsanwaltschaft erweisen sich als trügerisch. Im Januar 2022, mittlerweile ein Jahr und vier Monate nach Ausstellen des Attestes, beantragt die zuständige Staatsanwältin aus Aurich auch noch den Erlass eines Strafbefehls gegen die Fachärztin[56].

[Erläuterung: Das Strafbefehlsverfahren ist so etwas wie ein „schriftliches Gerichtsverfahren". Die Staatsanwaltschaft kann beim zuständigen Gericht einen Strafbefehl beantragen, wenn sie eine öffentliche Hauptverhandlung nicht für erforderlich hält. Ein Richter erlässt dann einen Strafbefehl, wenn er nach Prüfung des Akteninhalts davon ausgeht, dass der Fall einfach ist und das Verfahren auch vom Schreibtisch aus entschieden werden kann].

Strafbefehl des Amtsgerichts Aurich

Erneut eine dieser Entscheidungen am Schreibtisch, notiere ich in meinen Aufzeichnungen. Am 10. März 2022 wird der Fachärztin ein Schriftstück zugestellt, das sie tief bis ins Mark trifft. Es trifft sie in Berufsehre, es trifft sie in ihrer ganzen Persönlichkeit als Mensch und als Ärztin, es stellt in nur wenigen Sätzen ihre gesamte medizinische Fachkompetenz in Frage. Es stammt vom Amtsgericht Aurich, von einem Juristen. Fassungslos liest die Ärztin den Text mehrere Male[57]:

> *„Ihnen wird zur Last gelegt:*
>
> *An einem nicht näher konkretisierbaren Tag im o.g. Tatzeitraum fertigten Sie ein ärztliches Attest über den Gesundheitszustand Ihres Patienten ... an, in welchem Sie angaben, dass dieser durch die Durchführung eines Rachenabstrichs und die*

56 Strafbefehl des Amtsgerichts Aurich vom 01.03.2022 (Az. 6 Cs 310 Js 18125/21 (23/22).

57 A.a.O.

Grundumstände der Testung auf das Vorliegen des Coronavirus SARS-CoV-2 in der Waldorfschule Aurich durch deren Mitarbeiter und durch das Gesundheitsamt Aurich langanhaltende Schmerzen und eine schwere Traumatisierung erlitten habe, obwohl für die Stellung solcher Diagnosen keine ausreichenden Untersuchungen durchgeführt wurden, was Ihnen auch bewusst war. Ferner war Ihnen bewusst, dass das von Ihnen ausgestellte ärztliche Attest zur Vorlage bei der Waldorfschule und dem Gesundheitsamt dienen sollte.

Vergehen, des Ausstellens unrichtiger Gesundheitszeugnisse strafbar gemäß § 278 Strafgesetzbuch.

Beweismittel:

I. Ihre EinlassungBl. 148.

II. Urkunde:

Ärztliches Attest Bl. 1.

Auf Antrag der Staatsanwaltschaft wird gegen Sie eine Geldstrafe von 60 Tagessätzen verhängt.

Die Höhe eines Tagessatzes beträgt 100,00 EUR,

die Geldstrafe mithin insgesamt 6.000,00 EUR.

Im Falle der Uneinbringlichkeit tritt an die Stelle eines Tagessatzes ein Tag Freiheitsstrafe.

Sie haben auch die Kosten des Verfahrens und Ihre notwendigen Auslagen zu tragen.

(...)

Aurich, 1. März 2022

Richter am Amtsgericht".

Den „Fall Aurich" erreicht damit eine neue Stufe der Eskalation. Gemessen an dem Vorfall vom 9. September 2020 hätte niemand eine solche Entwicklung für möglich gehalten. Statt die Zwangstestung des neunjährigen Vincent rechtlich und tatsächlich in Frage zu stellen, statt den „Fall Aurich" objektiv zu überprüfen, stellt nun die Justiz den Sachverhalt auf den Kopf. Das Opfer wird zum Täter, genauer die Fachärztin, stellvertretend für ein Kind, weil sie Verletzungen und ein schweres Trauma nach einer in Deutschland nie da gewesenen Zwangstestung attestiert. Eine Umkehr der Verhältnisse. Der Spieß ist „erfolgreich" umgedreht. Möge es ein Pyrrhussieg dieser Staatsanwaltschaft Aurich bleiben, sagen wir uns und handeln dagegen.

Einspruch

Ein weiteres Mal entscheiden wir, dass dieses Unrecht so nicht stehen bleiben kann, auf keinen Fall. Das Rechtsmittel gegen den Strafbefehl nennt sich jetzt „Einspruch". Schon am 16. März 2022 liegt der Einspruch beim zuständigen Amtsgericht Aurich. Uns ist bewusst, dass es damit irgendwann zu einer anstrengenden öffentlichen Strafverhandlung gegen die Ärztin kommen wird. Es heißt jetzt Ruhe bewahren und abwarten. Dennoch fühlt sich die Situation reichlich merkwürdig an. Plötzlich geht es nicht mehr gegen die Mitarbeiter des Gesundheitsamtes Aurich. Im letzten Jahr hatten wir noch bei derselben Staatsanwaltschaft beantragt, die beiden Mitarbeiter für ihr fragwürdiges Handeln am 9. September 2020 strafrechtlich zur Verantwortung zu ziehen. Eineinhalb Jahre später muss sich plötzlich die Ärztin strafrechtlich verantworten, die entsprechend ihrer beruflichen Verpflichtung nach bestem Wissen und Gewissen den Beweis für die Verletzungen von Vincent geliefert hat. Sie empfindet dieses Vorgehen der Justiz als einen unfassbaren Angriff auf ihre Berufsfreiheit als niedergelassene Ärztin, als einen heftigen Schlag gegen die kritische Ärzteschaft insgesamt und letztlich als Angriff gegen ihren kleinen Patienten Vincent, der ohnehin an allem unschuldig ist.

Doch für die angepasste Presse in Aurich läuft alles zur höchsten Zufriedenheit, war doch die Maßnahme in der Waldorfschule nach deren Lesart völlig Ordnung. Es war *„alles rechtens"*, wie das Lokalblatt in seiner „juristischen Weisheit" meinte. So ändert eine lokale Journaille einfach einmal die Verhältnisse.

Die verwaltungsrechtliche Klage von Vincent ist jetzt bereits eineinhalb Jahre her. Noch immer ist eine Gerichtsverhandlung vor dem Verwaltungsgericht nicht in Sicht. Auch hier heißt es, geduldig warten. Wir üben uns in doppelter Geduld, eine spannende neue Erfahrung. So vergehen Frühlingsmonate.

Anfang Juni 2022 erfahren wir Neuigkeiten vom zuständigen Amtsgericht Aurich und können es kaum glauben: Der für die Strafverhandlung gegen die Fachärztin vorgesehene Richter trägt tatsächlich den Namen „Drosten". Die Redensart „nomen est omen" stimmt uns nachdenklich[58].

Und dann endlich im September 2022 – nach mühsamen Schriftwechseln und einer Terminverlegung wegen der Sommer- und Urlaubszeit – wird der strafrechtliche Hauptverhandlungstermin vor dem Amtsgericht Aurich terminiert. Endlich! Am 7. November 2022 um 14:00 Uhr soll es so weit sein. Endlich soll die Warterei ein Ende finden. Die Ärztin wird als Angeklagte eingeladen („geladen" im nüchternen Amtsdeutsch). Im Strafbefehlsverfahren heißen die Betroffenen „Angeklag-

58 Vgl. auch Christian Heinrich Maria Drosten: Deutscher Virologe. Von 2007 bis 2017 war er Professor an der Universität Bonn. Seit 2017 ist er Professor, Lehrstuhlinhaber und Institutsdirektor an der Charité in Berlin. Einer seiner Forschungsschwerpunkte sind neu auftretende Viren.

te". Auch Julia und Jan werden geladen, nicht als Angeklagte, sondern als Zeugen. Das stimmt uns vorsichtig optimistisch, denn Julia wird die Ereignisse an diesen Vormittag des 9. September am ehrlichsten und besten bezeugen können. Jan ebenfalls. Doch „Vorsicht ist die Mutter der Porzellankiste", was sich bestätigen soll.

Der Spätsommer klingt aus. Der Oktober vergeht rasch mit dem Umzug der Kanzlei. Anfang November 2022 ist auch das Kistenpacken und Aufbauen von Bücherregalen so gut wie abgewickelt, eine Herkulesaufgabe so ganz nebenbei. Im eigenen Haus soll es ruhiger werden, verspreche ich mir selbst. Doch weit gefehlt.

Der 7. November 2022 mit der anberaumten Strafverhandlung rückt näher. Ich entscheide mich, besser einen Tag vorher nach Aurich zu fahren und einen Tag länger zu bleiben. Es soll noch einmal alles ausführlich und vor Ort unter vier Augen besprochen werden.

Strafverhandlung vor dem Amtsgericht Aurich

Das Auto ist gepackt und betankt. Ich verfluche die überhöhten Benzinpreise, neuerdings und absurderweise über zwei Euro für einen einzigen Liter Diesel. Die Reisetasche, die Robe für die Verhandlung und der Koffer mit inzwischen fünf zusammengebundenen Akten voller Schriftstücke und Schriftsätze sind verstaut. Wir nennen diese Akten „Gürteltiere"[59].

59 von Kathrin Heerdt in Beck Stellenmarkt: https://www.beck-stellenmarkt.de/ratgeber/legal-career/studium-berufsstart-weiterbildung/das-guerteltier-einblicke-das-abenteuer (abgerufen am 18.02.2024).
Das schrecklichste Monster des Referendariats ist das Gürteltier. Bevorzugt ist es im Zivilgericht anzutreffen, doch auch in der Anwalts- oder Wahlstation ist man vor ihm nicht gefeit. Schon sein Erscheinungsbild ist furchteinflößend: ein großes (Akten-)Ungetüm, das in seiner Fülle nur

Es ist früh morgens am Sonntag, ein hässlich grauer Morgen im November. Über Paderborn und Bielefeld, dieses Mal an Oldenburg vorbei, fahre ich Richtung Aurich. Die Landschaft wird flacher. Julia hat in Ostfriesland eine ruhige und perfekt ausgestattete Unterkunft organisiert. Ich fahre diese Strekke durch den Landstrich meines Großvaters. Bei jedem Ort erstaunen mich aufs Neue die Erinnerungen an früher. Ich erreiche Leer in Ostfriesland. Von hier aus ist am 20. Januar 1954 die zweite Tochter meines Großvaters, Elisabeth, als 25-jährige junge Ärztin aufgebrochen, damals knappe neun Jahre nach dem Krieg nur mit zwei kleinen Koffern notdürftig bepackt, begleitet von dem Stolz ihres Vaters und den traurigen Abschiedsblicken seiner Frau Paula. Die Reise ging über Marseille, von dort mit dem Schiff über das Mittelmeer und den Suez-Kanal bis Djibouti, dann weiter nach Äthiopien. Es wurden lange 30 Jahre als Fachärztin in Afrika. Ich lege in Leer einen Stopp ein. Mich erfassen jetzt heftig diese Erinnerungen an früher, an meine Patentante Elisabeth, an ihr Buch aus dem Jahr 1985 „Mais lacht auf dem Feuer“ [60]. Dort beschreibt sie ein uraltes Sprichwort des Stammes der Oromas in Äthiopien: *„Ich werde geröstet, und dabei lache ich, sagte das Maiskorn“*. Mich beschäftigt dieser Gedanke in seltsamer Weise. Was kommt morgen auf uns zu.

Die Vorbesprechung am Abend vor der Auricher Strafgerichtsverhandlung ist ausführlich. Wir treffen uns im Landgasthof

durch den namensgebenden (Akten-)Gürtel gebändigt werden kann. Wird der Gürtel gelöst, offenbart sich sein wahrer Schrecken: Paragraphendurchtränkte Schriftsätze, die es durch Rechtsanwendung zu zähmen gilt. Eine Herausforderung, ganz gleich, welcher (Rechts-)Gattung das Gürteltier zugehörig ist. Eine Gattung scheint jedoch (nur) für echte Heldinnen gemacht: die Bauakte. Sie zu besiegen erfordert auf den ersten Blick übermenschliche Kräfte, großen Mut und große Tapferkeit, um den großen Schatz- die rechtliche Lösung- zu erlangen.

60 Dr. Elisabeth Knoche: Mais lacht noch auf dem Feuer. Als Ärztin 1954 - 1984 in Äthiopien notiert. Erlanger Taschenbücher Band 72, Verlag der Ev. Mission Erlangen 1985.

Hengstforder Mühle. Das Restaurant liegt in Apen im benachbarten Landkreis Ammerland. Etwas Distanz zu Aurich ist sicher gut.

Die Akten liegen neben mir im Restaurant. Fast übersehe ich die Speisekarte und die Rubrik „Grünkohl mit Pinkel“, dazu Bratkartoffeln und „Rote Grütze“, *der* ostfriesische Nachtisch. Wir sprechen vor und nach dem Essen alle rechtlichen Einzelheiten ein weiteres Mal durch und machen uns Mut. „Aurich TV wird mit Sicherheit dabei sein, das ist vorbesprochen und zugesagt“, versichere ich. *„Das werden sicherlich nicht die einzigen sein, die mich morgen begleiten“*, sagt mir die Ärztin. Ihre Empörung und Verletzung sind an diesem vertraulichen Vorabend in jeder Minute spürbar. Morgen wird sie die „Angeklagte“ sein, eine absurde Situation.

Ich schlafe schlecht in dieser Nacht und wache viel zu früh mit Gedanken an diesen Prozesstag auf. Der 7. November 2022 ist angebrochen. Es herrscht düsteres Regenwetter. Pünktlich zu der anberaumten Gerichtsstunde warten vor dem Amtsgericht Aurich bereits annähernd 50 Menschen, natürlich die Ärztin und ihr Ehemann, außerdem zahlreiche Freunde, Bekannte, Unbekannte, Julia und Jan, Stefan Dunkmann, Kameramann Jürgen Wieckmann und viele andere mehr. Ich bin überrascht. Es ist wie ein Zusammentreffen einer großen uralten Familie. Es scheint so, als kenne jeder jeden seit Jahren. Der Fall Aurich ist also tatsächlich bekannt geworden. Immerhin wird es keine einsame Entscheidung des Amtsgerichts geben. Genügend Prozessbeobachter sind dabei. Immerhin.

Mit diesen überwältigenden Eindrücken betreten wir das Amtsgericht. Die Wachtmeister organisieren den Zutritt zum Gerichtssaal im ersten Stock. Nicht ein einziger Platz im Zuschauerbereich bleibt unbesetzt. Die zur Verfügung stehenden Plätze im Sitzungssaal des Amtsgerichts sind begrenzt. Dank der Wachtmeister bekommt Stefan Dunkmann mit seiner der presserechtlichen Akkreditierung als „Aurich TV“ tatsächlich noch den letzten freien Platz. Ich hatte die freundlichen Wachtmeister darum gebeten und bin erleichtert. Es kann losgehen.

Richter Drosten eröffnet die Verhandlung. Uns gegenüber sitzt eine noch sehr junge Staatsanwältin als Vertreterin der Anklagebehörde. Offenbar ist es nicht mehr üblich, sich vorzustellen, denke ich nebenbei. Ein letzter Blick geht über die vorbereitete Erklärung der neben mir sitzenden Ärztin. *„Genauso in Ihren gut ausgewählten Worten erklären Sie sich bitte exakt so, da machen Sie nichts falsch“*, spreche ich ihr Mut zu, der promovierten Fachärztin für Allgemeinmedizin mit einer über 30-jährigen Berufserfahrung, Prüferin bei der Landesärztekammer Hannover für Facharztanwärter, heute „Angeklagte“. Es bleibt eine absurde Situation.

Es folgen die üblichen Fragen zur Person, die obligatorischen Fragen zu den Vermögensverhältnissen und die Verlesung des Strafbefehls, dazu die Feststellung des Richters, dass der Einspruch gegen den Strafbefehl fristgemäß (also rechtzeitig) bei Gericht eingegangen ist. Das ist immer dieser Moment, an dem jeder Verteidiger irgendwie „platzen“ könnte. Halten die uns Rechtsanwälte für so einfältig, einen Einspruch etwa nicht rechtzeitig einlegen zu können? Aber gut, das sind übliche Formalien.

„Sie können sich jetzt zur Sache äußern, Sie müssen es aber nicht“, erklärt ihr Richter Drosten. *„Ich werde aussagen“*! Was dann folgt, ist an Aussagekraft und Klarheit nicht zu überbieten. *„Ich bin das erste Mal vor einem Gericht“*, sind die ersten Worte der Ärztin. Und dann:

„Zu Anfang möchte ich klarstellen, dass ich Medizin studiert habe, um Dienst am Menschen zu leisten. Ich fühle mich daher einzig und allein in meinen Entscheidungen dem Wohlergehen meiner Patienten verpflichtet“.

Sie erklärt dem Richter das ärztliche Gelöbnis, die innere und äußere Verpflichtung zur gewissenhaften Ausübung ihres Berufs, sodann die ungewöhnliche lange Untersuchung ihres kleinen Patienten Vincent an jenem 14. September 2020. Sie erläutert ihre ärztlichen Richtlinien, die Kriterien ihrer Untersuchung und Entscheidung, das gesamte Attest und dessen Zustandekommen in allen fachlichen Einzelheiten, das emotionale „Auf und Ab" des Kindes, das Trauma nach dem Suizid des Vaters, darauf das neue Trauma durch die Testung, wie sehr die maskierten Männer für Vincent erschreckend waren, Trauma auf Trauma. Sie berichtet von den Reaktionen des Kindes, von den Ängsten, sie erläutert die Halsschmerzen nach dem dreifachen Test, die an dem Tag der Untersuchung nicht mehr vorhanden waren, aber nach den Berichten von Mutter und Kind einige Tage nach dem 9. September andauerten, sie erklärt und erklärt und endet schließlich mit dem Satz: *„Ich habe nach bestem Wissen und Gewissen gehandelt"*.

Im Zuschauerraum ist es sehr still geworden. Einige kämpfen mit den Tränen. Richter Drosten macht sich Notizen. Wenig später nimmt er zwei düstere Kinderzeichnungen regungslos zur Akte, die Vincent am Wochenende unmittelbar nach der Zwangstestung allein in seinem Zimmer gemalt hatte . Wir haben sie zu Beweiszwecken dabei und weisen darauf hin. Man sieht ein weinendes Kind, große Männer in dicken Schutzanzügen und in Kinderschrift die Worte „Ich war traurig und ängstlich".

Richter Drosten ruft jetzt die Zeugen auf, Julia zuerst. Sie erzählt die lange Vorgeschichte ihres Kindes Vincent. Sie erläutert, dass sie unmittelbar nach der Zwangstestung zunächst vorhatte, ihren Hausarzt aufzusuchen, der aber eine Behandlung von Vincent ablehnte, weil er keinen Ärger mit dem Gesundheitsamt haben wollte, und dass sie dann den Termin am 14. September bei der Ärztin bekam. Sie bestätigt mit klarer Stimme das lange Gespräch mit der Ärztin und die ungewöhnlich ausführliche Anamnese. Sie berichtet, dass Vincent anfangs aufgeregt und völlig in sich gekehrt war, dann aber Vertrauen fasste und der Ärztin alles erzählte, dass er redete, redete und redete, dass er hinterher erleichtert im Auto sagte: „Sie hat mir ja zugehört".

„Wollen Sie den zweiten Zeugen auch noch hören? Ich brauche ihn nicht", erklärt sodann Richter Drosten. Doch Jans Bericht ist für uns unverzichtbar. Folglich wird auch dieser Zeuge aufgerufen. Es folgt die übliche richterliche Eingangsfrage, ob er mit den Parteien verwandt oder verschwägert ist. Jan versteht die Frage rein akustisch nicht ganz und stockt kurz mit der Antwort. Die Fachärztin will ihm aus der Verlegenheit helfen und antwortet für ihn, er sei mit ihr nicht verwandt und nicht verschwägert. Im gleichen Moment verliert Richter Drosten jede Contenance und schreit in überraschender Heftigkeit die angeklagte Ärztin an: *„Halten Sie den Mund, Sie reden hier nur, wenn Sie gefragt werden"*. Das war aber mehr als unangemessen und unsachlich, denke ich und ziehe kurz einen Befangenheitsantrag in Betracht. *„Nein, nein, nicht verwandt und verschwägert"*, überbrückt Jan die üble Situation. Hätte ich den Antrag nur gestellt, überlege ich weiter. Und schon hören alle im Saal die Schilderung von Jan, dass er Vincent vor diesem Tag am 9. September als ein offenes und fröhliches Kind wahrgenommen hat, das aber nach der Zwangstestung wie ausgewechselt war, dass er über Halsschmerzen klagte und aggressiv sein Kinderzimmer kaputtgetreten hat, welche Angst er hatte, jemanden anzustecken, niemand sollte ihm zu nahe kommen. Jans Aussage übertrifft fast noch die von Julia. Jetzt kann nichts mehr schief gehen, konstatiere ich für uns und lasse das mit dem Befangenheitsantrag.

Es folgen die Plädoyers zuerst der Staatsanwältin und dann der Verteidigung. Die junge Staatsanwältin erklärt, ganz so, als habe sie während der Beweisaufnahme nicht zugehört, für die Beurteilung einer Traumatisierung brauche man eine

Diagnose, die hier fehle. Zwischendurch gebraucht sie sogar das Wort „Schwachsinn". Deshalb sei das Attest falsch. Ich notiere die Formulierung „Schwachsinn". Sie plädiert kurz und beantragt am Ende eine noch höhere Geldstrafe in Höhe von 7.000 Euro. Im Strafbefehl waren es noch 6.000 Euro. Eine Begründung für die Erhöhung unterbleibt.

Das fordert mich heraus. Es folgt mein Schlussplädoyer mit dem Antrag auf Freispruch. Ich nutze eine gute Stunde, um die Vorgeschichte von Vincent, Trauma auf Trauma, die Verletzungen des Kindes, die Richtigkeit der ärztlichen Feststellungen und noch einmal alle wesentlichen Details zusammenzufassen.

Ich bemerke im Augenwinkel, dass Richter Drosten wegschaut und mir kaum noch zuhört. Ich plädiere nun deutlicher, dass die Ärztin doch bitte nach bestem ärztlichem Wissen und Gewissen „nur" ein weiteres Trauma (altgriechisch: Wunde / Verletzung) infolge der Zwangstestung bei dem Kind gesehen und im Attest doch bitte so auch festgehalten hat, nicht aber eine klassische Diagnose gemäß ICD-10-Codierung[61] (also zum Beispiel nicht eine posttraumatische Belastungsstörung gemäß F 43.1). Es ist ein medizinrechtlicher Schwerpunkt dieses Plädoyers.

Das sollte für einen Freispruch genügen, nicken mir die Ärztin und nahezu alle Zuschauer zu. Ein Verteidiger erwartet keinen Beifall. Ein Verteidiger erwartet allerdings, dass der Inhalt seines Plädoyers ein Nachdenken bzw. Umdenken auslöst. Doch keine Minute nach dem Schlusswort der Ärztin erhebt sich jener Richter Drosten und verkündet sein Urteil wortgetreu gemäß Antrag der Staatsanwältin[62]:

---

61 Der ICD-10-Diagnoseschlüssel dient der amtlichen Klassifikation für ärztliche Diagnosen in der ambulanten und stationären Versorgung. Der behandelnde Arzt oder die behandelnde Ärztin verwendet diesen ICD -Code u.a., um Krankheitsdiagnosen auf einer Krankschreibung zu verschlüsseln.

62 Urteil des Amtsgerichts Aurich vom 07.11.2022 [6 Cs 310 Js 18125/21

Im Namen des Volkes

Urteil

Die Angeklagte wird wegen Ausstellen eines unrichtigen Gesundheitszeugnisses zu einer Geldstrafe von 70 Tagessätzen zu je 100,00 € verurteilt.

Die Angeklagte trägt die Kosten des Verfahrens

Drosten,

Richter.

Auf den Zuschauerbänken kommt deutlich hörbarer Unmut auf. Alle hatten mit einem Freispruch gerechnet. Richter Drosten droht jetzt unverhohlen und laut mit der Zwangsräumung des Sitzungssaales. Er will eine mündliche Begründung für seine Verurteilung vortragen, was auch erfolgt. Im Wesentlichen führt er aus, dass eine ärztliche Untersuchung innerhalb einer Stunde nicht ausreicht, um eine schwere Traumatisierung festzustellen. Deshalb habe sich die Ärztin strafbar gemacht und ein unrichtiges Gesundheitszeugnis ausgestellt.

Am frühen Abend dieses 7. November 2022 ist diese Verhandlung beendet. Die Ärztin steht irritiert, fragend und gänzlich unverstanden neben mir. Eben war sie noch „angeklagt", jetzt ist sie verurteilt. In mir sagt eine innere Stimme: Welch ein himmelschreiendes Unrecht. Wir sprechen einige Zeit im Gerichtssaal und entscheiden noch dort, sofort in die Berufung zu gehen, schon aufgrund dieser falschen mündlichen Urteilsbegründung des Richters. Ich verabschiede mich von der Ärztin. Beim Hinausgehen sagt mir der Richter „Auf Wiedersehen". Ich schweige dazu und trete aus diesem Gerichtssaal.

Mit uns verlassen knapp 30 fassungslose Menschen das Amtsgericht. Vor dem Gebäude warten bereits die anderen, die nicht

---

(23/22)].

mehr in das Gericht kamen. Es regnet Bindfäden in Aurich. Ich ordne beim Hinabgehen der alten Stufen meine Gedanken. Die wirklich grenzenlose Fassungslosigkeit über dieses Urteil vernebelt die Sinne. Ich bin erschrocken und einen Moment wirklich sprachlos. Ich weiß ja durchaus zu sprechen als Verteidiger, weil Worte unsere Waffen sind. Gleich folgt das Interview im Hotel gegenüber. Was soll ich Stefan Dunkmann von Aurich TV ins Mikrofon sagen. Er wird die Entscheidung auch nicht verstanden haben. Der Regen wirkt wie Tränen vom Himmel. Meine Tasche rutscht mir von der Schulter. Ich ringe um Fassung und fühle kaum meine Schritte in das Restaurant gegenüber. „Hotel am Schloss", heißt das, sagt mir Jan, der mich begleitet und den ich jetzt erst wahrnehme. Es schüttet. Wir beeilen uns, diesen Vorhof des Amtsgerichts so schnell wie nur möglich zu verlassen. Irgendwer führt mich zur Tür des Restaurants gegenüber. Ach ja, es ist Jan.

Stefan Dunkmann und Jürgen von Aurich TV sind zum Interview bereits dort. Uns steht ein freier Raum zur Verfügung. Sie bestellen für mich ostfriesischen Tee, eine grandiose Geste der Gastfreundschaft, erinnere ich mich lange später an diesen düsteren Abend. Offenbar muss er meine Niedergeschlagenheit bemerkt haben. *„Lassen Sie die Arme nicht hängen"*, beginnt Stefan Dunkmann sein für mich bestes Interview im „Fall Aurich". Er überschreibt es später: Aurich TV: „Weiteres umstrittenes Urteil gegen Ärztin in Ostfriesland" [63]. Bemerkenswert gut informiert, bemerkenswert gekonnt und bemerkenswert sachlich fasst er für Aurich TV die Strafverhandlung zusammen, stellt als Journalist seine Fragen, spricht von einer „eindeutigen Beweisaufnahme", spricht von einem *„völlig eindeutigen Plädoyer"*, spricht von *„absolut eindeutigen Aussagen"* der Mutter und des (neuen) Vaters von Vincent und äußert schließlich sein persönlich *„größtes Unverständnis"*

---

63 Vgl. https://youtube.com/watch?v=KwNagQmAOVY&si=v8YBg0v_cg-WWzOZE, abgerufen am 05.01.2024

über das soeben verkündete Urteil. Er hat ja alles miterlebt und in erster Reihe zugehört. Kommentierend endet sein Video mit der Frage, wie es sein kann, dass sich ein Gericht über eine fachliche Ärztemeinung einfach hinwegsetzt, nicht den fachlichen Inhalt bewertet (psychische Belastung des Kindes) und dazu sagt, in einer Stunde könne man das nicht feststellen. Wie Recht er haben wird. Später notiere ich, wie wertvoll eine ehrliche Begleitung dieser Art durch aufrechte Journalisten ist. Ich gebe an dieser Stelle – bezogen auf das Vorwort – meine Anerkennung und meinen großen Dank an Stefan Dunkmann und an seinen Kameramann Jürgen von Aurich TV zurück.

Am nächsten Morgen, es ist der 8. November 2022, fahre ich früh die lange Strecke von Aurich nach Hessen zurück. Neben meinem Auto stehen liebevolle Geschenke von Julia und Jan. Sie haben die Geschenke in aller Frühe dort einfach still hingestellt.

Sofort am nächsten Tag lege ich im Auftrag der Ärztin Berufung[64] ein.

64 Schriftsatz vom 09.11.2022 im Berufungsverfahren vor dem Landgericht Aurich (NZS 12 Ns 310 Js 18125/21 (5/23).

TEIL V: DIE ENTSCHEIDUNGEN

Mittlerweile sind alle Strafverfahren gegen die Mitarbeiter des Gesundheitsamtes wegen des Verdachts der Körperverletzung im Amt von der Staatsanwaltschaft erledigt („eingestellt"). Das Oberlandesgericht hat sein obiter dictum verkündet und den „Fall Aurich" umgedreht. Das Strafverfahren gegen die Fachärztin hat an Fahrt aufgenommen. Wir wissen also jetzt, ausgerechnet die Ärztin ist von Richter Drosten in der ersten Instanz zu einer hohen Geldstrafe von 7.000 Euro verurteilt, ein Fehlurteil dieses Richters von historischer Tragweite. Davon sind wir überzeugt und sollen am Ende Recht haben. So neigt sich das Jahr 2022 seinem Ende entgegen. Wie wird das Verwaltungsgericht Oldenburg vielleicht im nächsten Jahr den „Fall Aurich" verwaltungsgerichtlich beurteilen? Was wird aus der strafrechtlichen Berufung gegen die Verurteilung der Ärztin? Immerhin haben wir noch „zwei Asse im Ärmel". Ich denke an meine Skatrunde zu Hause, in der Asse immer wichtig und meist entscheidend sind. Wir sprechen uns also erneut Mut zu.

Berufung gegen ein Fehlurteil

Der Januar 2023 hat es in sich:

Inzwischen liegt das Urteil des Amtsgerichts Aurich mit den schriftlichen Urteilsgründen vor. Völlig überraschend ist Richter Drosten darin von seiner mündlichen Urteilsbegründung abgewichen. Hatte er am 7. November 2022 sein Urteil noch damit begründet, für die Herstellung eines ärztlichen Gutachtens (Anmerkung des Verfassers: es war nur ein Attest) sei ein höherer Zeitaufwand als nur eine einstündige

Untersuchung erforderlich, fehlt diese zeitliche Begrenzung plötzlich in seiner jetzt schriftlichen Urteilsbegründung. Plötzlich sind die „anhaltenden Schmerzen“, die Vincent nach der Testung hatte und die auch im Attest stehen, die unrichtigen ärztlichen Feststellungen, weil Vincent am Tag der Untersuchung keine Halsschmerzen mehr hatte. Außerdem sei auch die zweite ärztliche Feststellung „schwere psychische Traumatisierung durch die Testung des Gesundheitsamtes“ unrichtig, weil Vincent durch den Suizid des Vaters bereits traumatisiert war und für eine weitere Traumatisierung durch das Gesundheitsamt weitere Untersuchungen erforderlich gewesen wären, heißt es jetzt sinngemäß im schriftlichen Urteil. Was gilt denn nun, fragen wir uns verwundert.

Am 17. Januar 2023 liegt unsere 15-seitige Berufungsbegründung mit Anlagen beim Gericht[65]. Hier erklären wir alles noch einmal in allen Einzelheiten. Wir erläutern, dass die einschlägige ärztliche Fachliteratur eine Mindestzeit von ärztlichen Untersuchungen schlichtweg nicht vorsehen. Wir fügen die ärztlichen Leitlinien für Diagnostik und Behandlung von akuten Folgen psychischer Traumatisierung bei, an denen sich die Fachärztin orientiert hat. Wir weisen über Seiten auf den Begriff des seelischen Traumas hin und auf die Folgen, auf das neue traumatisierende Geschehen zu Lasten von Vincent am 9. September, auf die beiden Zeugenaussagen, auf die im Urteil nicht berücksichtigten düsteren Kinderzeichnungen, auf das Fehlen eines strafrechtlich relevanten Vorsatzes bei der Ärztin, auf die nicht nachvollziehbaren Strafzumessungsgründe des Richters, kurzum auf alles Wesentliche. Es ist noch einmal ein Kraftakt, diese schriftliche Berufungsbegründung.

Das neue Jahr 2023 soll offenbar anders werden. Es geht jetzt Schlag auf Schlag. Zwei Tage später erreicht uns die Nachricht, dass der Termin zur Hauptverhandlung vor der kleinen Straf-

65 Schriftsatz vom 17.01.2023 im Berufungsverfahren vor dem Landgericht Aurich (a.a.O.).

kammer des Landgerichts Aurich am 27. Juli 2023 sein wird. Das persönliche Erscheinen der Angeklagten ist angeordnet. Es soll über die eingelegte Berufung verhandelt werden. Als Zeugin ist Julia geladen. Die Ladung schließt „Mit freundlichen Grüßen“.

Das Verwaltungsgericht Oldenburg

Am 27. Januar meldet sich plötzlich auch das Verwaltungsgericht, man wolle den „Fall Aurich“ am 14. März in Oldenburg nun auch verhandeln. Endlich geht es auch hier an diesem zweiten Strang weiter. Zeugen sind nicht vorgesehen. Zuständig ist ein Einzelrichter der 7. Kammer des Verwaltungsgerichts. Er bereitet die Gerichtsverhandlung sorgfältig vor.

Der Prozess hat sich bislang über 2 Jahre hingezogen und blieb Monate unerledigt [66]. Der Landkreis Aurich lässt sich mittlerweile auch anwaltlich vertreten. Es wurden zahlreiche Schriftsätze gewechselt. Die Kritik an der PCR-Zwangstestung stößt beim Landkreis Aurich bis jetzt auf taube Ohren. Die allgemeine Kritik an den PCR-Testungen blieb und bleibt sowieso ungehört, ebenso die enorm hohe Fehlerquelle, u.a. belegt durch den Biochemiker und Nobelpreisträger Kary Mullis [67], durch Dr. Mike Yeadon (früher im Wissenschaftsvorstand der Firma Pfizer) [68], durch Prof. Dr. Sucharit Bhakdi (Facharzt für

66 Rechtsstreit vor dem Verwaltungsgericht Oldenburg (Az. 7 A 2609/20).

67 Vgl. www.youtube.com/watch?v=p_cMF_s-fzc , abgerufen am 05.01.2024.

68 Vgl. www.wochenblick.at/pfizer-vize-bekraeftigt-pcr-test-alleine-sagt-nichts-ueber-infektion-aus/ , abgerufen am 05.01.2024.

Mikrobiologie und Infektionsepidemiologie)[69] oder Prof. Dr. rer. hum. biol. Ulrike Kämmerer (Universität Würzburg)[70] und andere Experten. Der Landkreis Aurich verteidigt bis heute hartnäckig sein vermeintlich verhältnismäßiges Vorgehen. Uns erreicht bis heute kein Wort der Entschuldigung.

Das also ist die Ausgangslage für die bald anstehende Gerichtsverhandlung vor dem Verwaltungsgericht Oldenburg.

Zwei Befangenheitsanträge im Januar 2023

Der Ladung zum Gerichtstermin am 14. März ist ein brisantes Schriftstück des Einzelrichters beigefügt, das ausgerechnet an die Staatsanwaltschaft Aurich adressiert ist[71]. Es heißt dort u.a.:

> *„Für den hier anhängigen Prozess könnte von Interesse sein, ob ein Ermittlungsverfahren gegen Frau Dr. (Fachärztin) eingeleitet worden ist und welchen Ausgang dieses Verfahren genommen hat. Ich wäre Ihnen dankbar, wenn Sie mir hierüber Auskunft geben und ggf. – so bei Ihnen vorhanden und entbehrlich – die dazugehörigen Akten übersenden könnten“.*

Dieses richterliche Auskunftsersuchen ist rechtlich zwar zulässig, sorgt aber für große Irritation und Verwunderung auf Klägerseite. Denn Gegenstand des verwaltungsgerichtlichen Verfahrens ist ausschließlich das verwaltungsrechtliche Klageziel „Feststellung der Rechtswidrigkeit der PCR-Zwangstestung mit anschließender Quarantäne“, nicht aber die strafrechtliche

---

69 A.a.O.

70 Vgl. www.mimikama.at/aktuelles/pcr-test-coronavirus-nachweisen/, abgerufen am 05.01.2024.

71 Schreiben der 7. Kammer des Verwaltungsgerichts Oldenburg vom 26.01.2023 an die Staatsanwaltschaft Aurich im Verfahren 7 A 2609/20.

Überprüfung und Bewertung des Falles. Hier geht es um Verwaltungsrecht, dort um Strafrecht, also um zwei verschiedene Paar Schuhe. *„Das richterliche Auskunftsersuchen begründet die Besorgnis des Klägers, dass jetzt regelrecht nach Gründen gesucht wird, um die verwaltungsgerichtliche Klage des Kindes abzulehnen"*, heißt es folglich in meinem Befangenheitsantrag gegen den Einzelrichter, der noch am gleichen Tag eingereicht wird[72].

Das saß.

Nur wenige Tage später erreicht uns die dienstliche Stellungnahme des Einzelrichters, es seien *dezidierte und differenzierende Ausführungen zum Auskunftsziel unterblieben*. Es fehlt zwar das Wort „leider". Aber der Folgesatz lässt aufhorchen, das Gericht habe nur wertungsneutral zum Ausdruck bringen wollen, dass das vom Kläger (Vincent) angestoßene Strafverfahren gegen die Mitarbeiter des Gesundheitsamtes abgeschlossen ist. Irgendwie diffus, so mein Eindruck, und doch vorsichtig entschuldigend lese ich daraus.

Über den Befangenheitsantrag soll nun ausgerechnet eine Richterin entscheiden, die derselben 7. Kammer dieses Verwaltungsgerichts Oldenburg angehört. Es kommt zu einem weiteren Befangenheitsantrag[73] auch gegen diese Richterin, denn um vollständige richterliche Unabhängigkeit zu garantieren, sollte besser ein Richter einer anderen Kammer des Gerichts über den Befangenheitsantrag entscheiden. Mitglieder derselben Kammer verbindet naturgemäß eine sachlich-fachliche Nähe.

Beide Befangenheitsanträge werden im Februar 2023 zurückgewiesen[74]. Der vorgebrachte Grund (andere Kammer anstatt Mitglied der derselben 7. Kammer) sei kein tragfähiger

72 Befangenheitsantrag vom 27.01.2023 im Verfahren 7 A 2609/20.

73 Befangenheitsantrag vom 03.02.2023 im Verfahren 7 A 2609/20.

74 Beschlüsse des Verwaltungsgerichts Oldenburg vom 20.02.2023 und 22.02.2023 (Az. 7 A 2609/20).

Grund für die Besorgnis der Befangenheit. Es folgen Quellen der Rechtsprechung im Wesentlichen aus den Jahren 2004 bis 2006. Auch der andere Befangenheitsantrag wird zurückgewiesen. „Dass der abgelehnte Einzelrichter den Ausgang des verwaltungsgerichtlichen Verfahrens vom Ausgang des Ermittlungsverfahrens gegen Frau Dr. (Fachärztin) abhängig machen wollte bzw. will, lässt sich diesem Auskunftsersuchen jedenfalls nicht entnehmen“, heißt es unter anderem in dem unanfechtbaren Beschluss des Verwaltungsgerichts. Das Gericht macht sich also selbst unanfechtbar.

Die Befangenheitsrügen erfolgten aus anwaltlicher Vorsicht und waren mit sorgfältigen Argumenten begründet. Dass die Richter der 7. Kammer die Rechtslage anders sahen, mag legitim sein und ist im Ergebnis nicht zu ändern. In jedem Fall aber waren jetzt die Weichen gestellt für die Gerichtsverhandlung am 14. März 2023 vor dem Verwaltungsgericht Oldenburg. Der Einzelrichter bereitete sich weiter sorgfältig auf den Gerichtstermin vor.

„KP-N“ des RKI

Diese Abkürzungen möge man ohne Erklärung verstehen. Vor dem Jahr 2020 hätte fast jeder ungläubig gestaunt und den Wandel der Zeiten nicht verstanden. Hier folgt die Erklärung:

Eine Woche vor der Gerichtsverhandlung erreicht uns überraschend ein rechtlicher Hinweis jenes Einzelrichters, es bestünden „gewichtige Zweifel“ des Einzelrichters, ob das Gesundheitsamt die „KP-N“ des RKI richtig angewandt habe[75]. Denn letztmalig vor der streitgegenständlichen Maßnahme am

75 Rechtlicher Hinweis des Verwaltungsgerichts Oldenburg vom 07.03.2023 (a.a.O.).

9. September 2020 habe Jonas F. (wir erinnern uns an das als *„Indexperson"* eingestufte Kind aus Leer) die Waldorfschule am 28.08.2020 besucht und ein „face-to-face"- Kontakt zwischen Jonas F. und unserem Helden Vincent als Voraussetzung für eine Einstufung in Kategorie I der KP-N habe nie stattgefunden. Überraschend regt der Einzelrichter am Ende seines Hinweises an, der Landkreis sollte die Rechtswidrigkeit der Testanordnung und Durchführung sowie der Quarantäne-Anordnung vom 9. September 2020 anerkennen. Was für eine Überraschung trotz zweier Befangenheitsrügen! Ist er in sich gekehrt? War es doch eine vorsichtige Entschuldigung?

Es braucht einen Tag oder zwei, um diese Gedanken des Einzelrichters zu begreifen und zu recherchieren. Ich versuche es mit einem Glas Rotwein und komme damit nicht weiter. Auch der Kaffee am frühen Morgen hilft nicht wirklich. Ostfriesentee hilft auch nicht, obwohl Büntings Assam bislang immer half. Was bitte sind eigentlich die „KP-N-Richtlinien" des RKI? Seit wann regelt das RKI die Gesetze in Deutschland, speziell im „Fall Aurich" für das Bundesland Niedersachsen bzw. für die von „höchster Gefährdung und Gefahrenlage" betroffenen Landkreise Aurich und Leer im September 2020? Werden unsere Gesetze nicht im Parlament beschlossen? Es gibt doch zwei dieser Parlamente, den Bundestag und den Bundesrat, vielleicht auch noch den Vermittlungsausschuss. Frank Walter Steinmeier (Sozialdemokrat) ist das bekannt, sollte man meinen, denn er ist der Präsident der Nation, der seine Unterschrift unter die Gesetze seines *„besten Deutschlands aller Zeiten"* setzt. Eventuell wird er übersehen haben, dass die neuen Regeln nie hinterfragt werden dürfen [76], erklärt uns der Tierarzt und Präsident Wieler vom RKI in Konkurrenz zum Bundespräsidenten. Oder wird sich der Bundespräsident daran nicht erinnern können, denn sein Freund und Parteigenosse ist der Kanzler.

---

76 Vgl. https://vimeo.com/458995439, abgerufen am 05.01.2024.

Fazit des richterlichen Hinweises:

Plötzlich also gelten „KP-N“. Hand aufs Herz, verehrter Leser, kennen Sie „KP-N“? Der Einzelrichter nennt sorgfältig seine Quelle für diese *„Richtlinien zur Kontaktpersonennachverfolgung bei respiratorischen Erkrankungen durch das Corinavirus SARS-CoV-2“* (kurz: „KP-N“)[77]. Er argumentiert also sorgfältig im neu gestalteten RKI-System. Zwei juristische Staatsexamina genügen zwar nicht ganz, um dies zu verstehen. Aber ich nehme die Hinweise dankend hin, heute ohne Rotwein und Bünting-Tee. „KP-N“ sind jetzt also die alles entscheidenden maßgeblich Richtlinien oder auch – im Corona-Zeitgeschehen formuliert – die „Gesetze“ des RKI.

In den Folgetagen gefällt es mir zunehmend, den Landkreis Aurich damit zu konfrontieren, neuer Wind gegenüber dem angeblich Corona-geschulten Amt. Ich nehme mir vor, ab jetzt die Auffassung zu vertreten, dass nicht einmal diese RKI-Richtlinien bei allem Diensteifer und trotz der unumstößlichen Beamtenregel *„wir haben unsere Vorschriften“* eingehalten wurden. Ich nehme es mir zumindest vor. Nicht einmal ihre Hausaufgaben haben sie gemacht.

Doch das Gegenteil passiert. Geradezu hartnäckig bleibt der Landkreis Aurich bei seiner formelhaften Auffassung, das Gesundheitsamt habe angemessen und nach *„pflichtgemäßem Ermessen“* gehandelt, ein Begriff, der vor allem den im Verwaltungsrecht geschulten Kollegen unter uns Rechtsanwälten sauer aufstößt, weil er zu einer leeren Worthülse verkommen ist, tausendfach zitiert und von den Verwaltungsgerichten in Zitatensammlungen gebetsmühlenartig im Blocksatz wiederholt. Es sei von einer *„Exposition gegenüber potenziell Covid-19-infizierten Personen über mehrere Tage auszugehen“*, heißt es dann auch floskelhaft in einem abschließenden Schriftsatz des

---

77 Vgl. https://www.zaek-sa.de/zaek-con-de/uploads/2020/06/kontaktpersonennachverfolgung-rki.pdf , abgerufen am 05.01.2024.

Landkreises Aurich an das Verwaltungsgericht. Der Landkreis lenkt also nicht ein. Die „goldene Brücke“, die der Einzelrichter dem Gesundheitsamt mit seinem rechtlichen Hinweis gebaut hat, scheint für den Landkreis einsturzgefährdet zu sein. Anders ist die Sturheit nicht mehr zu verstehen.

Der 14. März 2023

Zweieinhalb Jahre nach Klageerhebung ist es schließlich so weit. Es sind kühle Frühlingstage in Ostfriesland. Ich übernachte ein zweites Mal in der Nähe von Aurich. Julia hat zusammen mit Jan, ihrem liebevollen Partner, wieder alles perfekt organisiert. Am Vorabend der Gerichtsverhandlung spreche ich mit Vincent. Der Junge ist guter Dinge und berichtet mir voller Stolz von der Jugendfeuerwehr. Seine beiden jüngeren Geschwister sind an Fröhlichkeit kaum zu überbieten. Wir essen zusammen. Jan bringt mich am späteren Abend zu meiner Unterkunft am Kanal. Was erwartet mich am nächsten Tag? Die Zweifel, ob alles richtig vorgetragen und dargelegt ist, werden durch Müdigkeit nach dem fröhlichen Familientreffen abgelöst. Es ist still geworden direkt am Kanal in Ostfriesland. Ich gönne mir eine Zigarette mit Blick auf das Wasser. Was für eine mutige Familie. Vincent ist älter geworden. Noch ein Blick in die Akten? Ich lasse es besser. Ich schlafe hervorragend direkt am Kanal. Am nächsten Morgen fahren wir zusammen nach Oldenburg.

Die Gerichtsverhandlung vor dem Verwaltungsgericht Oldenburg

Wir benötigen erneut Regenschirme. Von Oldenburg sieht man nicht viel bei diesem Regenwetter. Schnell noch ein Kaffee in der Nähe des Gerichts. Wo bleiben Stefan Dunkmann und Jürgen von Aurich TV? Kurz vor 10:00 Uhr stehen alle pünktlich im Gerichtsflur. Alle sind fein gekleidet. Weshalb eigentlich? Alte Gepflogenheiten haben ihren Sinn, sagt mir eine innere Stimme. Ich schaue auf meine Robe, auf unsere Dienstkleidung. Noch ein paar kurze Gespräche. Alle nicken sich verständnisvoll zu.

Zweieinhalb Jahre nach Klageerhebung beginnt sodann die mündliche Verhandlung. Wir treten in den Gerichtssaal. Die Plätze sind festgelegt. Links vom Richtertisch aus gesehen ist der Platz des Klägers. Rechts nimmt die Beklagtenseite Platz.

Der überraschend freundlich zugewandte Einzelrichter begrüßt die Anwesenden und eröffnet sogleich das Rechtsgespräch. Zielgerichtet wendet er sich zunächst nur an den beklagten Landkreis. Dr. Britschel[78] ist für das Gesundheitsamt erschienen. Er selbst war am 09.09.2020 an der Vorbereitung und Organisation der Zwangstestung beteiligt, dann aber nicht mehr vor Ort in der Freien Waldorfschule Aurich. Er blieb an seinem Schreibtisch.

Dem Begriff *„Zwangstestung"* widerspricht Dr. Britschel. Keines der Schulkinder sei gezwungen worden, eine Testung durchzuführen. Doch aufmerksame Nachfragen des Richters relativieren schnell seine Angaben. Seine Erklärungen wirken unklar ausweichend. Er redet sich um „Kopf und Kragen":

78 Name vom Verfasser geändert.

„Es war so, dass ein telefonisches Einverständnis der Eltern teilweise eingeholt werden konnte, teilweise auch nicht. In den Fällen, in denen ein telefonische Einverständnis der Eltern vorlagen, wurden die Testung auf freiwilliger Basis durchgeführt. Wie in den Fällen vorgegangen wurde, in denen ein telefonisches Einverständnis der Eltern nicht vorlag, kann ich nicht genau sagen. Ich kann auch nicht genau sagen, ob meine Kollegen seinerzeit vollständig darüber informiert waren, in welchen Fällen ein Einverständnis vorlag und in welchen kein Einverständnis vorlag“ [79]

Wir weisen erneut darauf hin, dass Julia den gesamten Vormittag zu Hause war und vor der Zwangstestung nicht einen Informationsanruf erhalten hatte, weder von der Schule noch vom Amt. Wir haben ausgedruckte Telefonlisten dabei, unsere Beweislisten. *„Ja, ja, es sei doch aber kein Zwang ausgeübt worden durch die Hygienekontrolleure“*, erklärt Dr. Britschel zunehmend unklarer. *Alles sei doch freiwillig gewesen.*

Das aber sieht der Einzelrichter vollkommen anders:

Da im Fall des Klägers (Vincent) kein wirksames Einverständnis der Erziehungsberechtigten zur Durchführung des Tests vorlag, kann die Maßnahme auch nicht freiwillig erfolgt sein, sondern durch die Anwendung unmittelbaren Zwangs. Er verweist dafür auf die gesetzliche Definition von unmittelbarem Zwang im niedersächsischen Polizeigesetz („Einwirkung auf Personen oder Sachen durch körperliche Gewalt, durch ihre Hilfsmittel und durch Waffen“). Auch das Kind selbst habe nicht einwilligen können. Es fehlte die Einwilligungsfähigkeit des damals gerade erst 9-jährigen Vincent.

Das saß!

---

79 Verhandlungsprotokoll des Verwaltungsgerichts Oldenburg vom 14.03.2023 im Verfahren 7 A 2609/20, Seite 3 oben.

Die für das Gesundheitsamt peinliche Befragung nimmt ihren Lauf. Welche Fassung der „KP-N“ denn für das Gesundheitsamt am 09.09.2020 maßgeblich gewesen sei, möchte nun der Einzelrichter wissen. *„Naja, die damals gültige“*, heißt es von Dr. Britschel, der aber nichts Neues vorlegen kann, rein gar nichts. Der Einzelrichter wiederholt für ihn die maßgeblichen „KP-N“ Kriterien. Das sind die Richtlinien vom 27.05.2020. Dann konstatiert er:

Nach den „KP-N“-Richtlinien des RKI war der Kläger (Vincent) am 09.09.2020 keine Kontaktperson und auch nicht ansteckungsverdächtig. Denn der erkrankte Jonas F. besuchte die Waldorfschule vor dem 09.09.2020 letztmalig am Freitag, den 28. August 2020. Anschließend blieb er krank zu Hause. Vincent hingegen begann seinen Besuch der Waldorfschule erst am 2. September 2020. Dann folgt sein Satz der Logik: Folglich hatte Vincent keinen Kontakt mit Jonas F.

Das saß noch mehr! Die Befragung ist zu Ende. Das Gesundheitsamt ist erstmals an dieser Stelle in aller Deutlichkeit in seine Schranken verwiesen worden. Weitere Ausführungen der Klägerseite dazu sind nicht einmal mehr nötig. Wir stellen unsere Anträge. Der beklagte Landkreis zeigt sich weiterhin unbelehrbar und beantragt, unsere Klage abzuweisen. Erneut gibt es kein Wort der Entschuldigung oder ein Einlenken, auch nicht nach dieser für uns überraschend erfolgreichen mündlichen Verhandlung.

Wir verabschieden uns von dem Einzelrichter. Beim Hinausgehen sagt er noch (erneut fast entschuldigend), er habe es leider versäumt den Verhandlungstermin wegen der langen Anfahrt von Hessen nach Oldenburg zu einer späteren Uhrzeit anzuberaumen. Wir nicken ihm freundlich zu. Es war besser, richtig und wichtig, in der Nähe von Vincent, Julia und Jan übernachtet zu haben. Dort hatten wir uns gut auf diesen Vormittag in Oldenburg vorbereitet.

Um 11.30 Uhr treten wir aus dem historischen Gerichtsgebäude und ringen alle um Fassung. Das Urteil soll in wenigen Tagen gesprochen werden. Wir rechnen vorsichtig mit einem großen Erfolg unserer Klage. Dann soll Aurich TV bitte berichten, vorerst aber noch nicht. Es könnte ja noch anders kommen.

Für Julia und Jan geht es über Aurich zurück nach Hause. Ich steige in mein Auto, um die 450 Kilometer zurück nach Hessen zu fahren. Das Auto ist erneut beladen mit Geschenken von Herzen, die mir Julia am Parkplatz noch in die Hand gedrückt hat. Was war das für ein Tag. Auf der Fahrt vorbei an meiner Heimatstadt Hannover kreisen die Gedanken um meinen Fall Vincent. Hannover ist der Sitz der niedersächsischen Landesregierung und der Landesschulbehörde (ausgerechnet am Waterloo-Platz), die ihr Gesundheitsamt Aurich noch so vehement verteidigt hatte mit der Bemerkung, das Infektionsschutzgesetz räume den Gesundheitsämtern weitreichende Rechte ein. „Weit gefehlt ist auch daneben", denke ich und erreiche am späten Abend mein Zuhause, das erste Mal hochzufrieden mit dem „Fall Aurich".

Das Urteil des Verwaltungsgerichts

Am 21. März 2023 wird mir das Urteil der Verwaltungsgerichts Oldenburg förmlich zugestellt. Mit größter Spannung öffne ich die Post. Die gerichtliche Entscheidung ist an Eindeutigkeit und Klarheit kaum zu überbieten:

> *„Es wird festgestellt, dass die Durchführung des PCR-Tests beim Kläger am 9. September 2020 rechtswidrig war.*
>
> *Weiter wird festgestellt, dass die Anordnung der häuslichen Absonderung mit Bescheid vom 9. September 2020 rechtswidrig war.*

Der Beklagte trägt die Kosten des Verfahrens; insoweit ist das Urteil vorläufig vollstreckbar.“

Die Begründung des 13-seitigen Urteils ist ebenso eindeutig. Der Einzelrichter hat tatsächlich so entschieden[80]. Ein Einverständnis der erziehungsberechtigten Mutter lag zum Zeitpunkt der Durchführung des Tests nicht vor. Ebenso wenig hat der Kläger (Vincent) sein Einverständnis dazu erklärt. Es fehlte insoweit an der Einwilligungsfähigkeit des gerade einmal 9-jährigen Klägers. Damit handelte es sich um die Anwendung unmittelbaren Zwangs im Wege des Sofortvollzuges, mit anderen Worten um eine Zwangstestung.

Das beklagte Gesundheitsamt war nicht berechtigt, beim 9-jährigen Kläger im Wege des Sofortvollzuges einen PCR-Test durchzuführen. Die Voraussetzungen für eine solche Zwangsmaßnahme lagen am 09.09.2020 nicht vor, denn die „KP-N Richtlinien“ des RKI wurden vom Gesundheitsamt nicht eingehalten. Vincent war am 09.09.2020 keiner der in den Richtlinien aufgeführten Kontaktpersonen zuzuordnen. Er war gesund und nicht ansteckungsverdächtig. Die erkrankte Indexperson Jonas besuchte die Waldorfschule Aurich vor dem 9. September letztmalig am Freitag, den 28. August 2020. Anschließend blieb er krankheitsbedingt zu Hause. Der Kläger hingegen begann seinen Schulbesuch erst am 2. September. Er hatte folglich keinen Kontakt mit Jonas.

Da war er wieder, dieser einfache und richtige Satz der Logik.

Es folgen Ausführungen des Gerichts zur erheblichen Ermessensfehlerhaftigkeit der Testdurchführung. Eine Ermessensbetätigung in Abwägung der betroffenen widerstreitenden Interessen und unter Berücksichtigung des Verhältnismäßigkeitsgrundsatzes sei nicht erfolgt, heißt es im Urteil. Und schlussendlich war auch die Anordnung der häuslichen Ab-

---

80 Urteil des Verwaltungsgerichts Oldenburg vom 14. März 2023 (7 A 2609/20 – rechtskräftig).

sonderung rechtswidrig, weil der Kläger gesund war („nicht ansteckungsverdächtig“).

Ich ertappe mich dabei, dass ich das Urteil mehrere Male lese. Bei der vorläufig letzten Lektüre des Urteils frage ich mich, wer eigentlich jemals den fragwürdigen juristischen Begriff der „Absonderung“ erfunden hat. Entscheidend für das Urteil ist dies nicht. Aber Kinder „abzusondern“, ist bereits begrifflich das satanischste Unterfangen dieser wirren Zeit.

Abends trinke ich ein Glas Sekt. Nein, es war der beste Rotwein aus dem Keller. Jetzt kann und muss Aurich TV berichten. Wir haben den „Fall Aurich“ tatsächlich vor dem Verwaltungsgericht gewonnen. Mir wird bewusst, dass dies die Wende im „Fall Aurich“ sein muss. Und Stefan Dunkmann und Jürgen Wieckmann berichten kraftvoll[81]. Auch andere Medien in ganz Deutschland berichten erneut, jetzt über den erfolgreichen Ausgang dieses langen Gerichtsverfahrens. In einem Bericht heißt es:

> *„Die Beharrlichkeit der Mutter, für ihr Recht und das ihres Kindes einzutreten, hat sich somit ausgezahlt“*[82].

Entschädigung für Vincent

Mittlerweile haben wir Ende Mai 2023. Seit dem Urteil des Verwaltungsgerichts sind über zwei Monate vergangen. Das Urteil des Verwaltungsgerichts ist jetzt rechtskräftig geworden. Anderenfalls hätte der Fall Aurich das Oberver-

---

81 Vgl. „Gerichtsurteil: Corona-Zwangstestungen in der Schule rechtswidrig“ www.epochtimes.de/politik/deutschland/gerichtsurteil-corona-zwangstestungen-in-der-schule-rechtswidrig-2-a4203111.html?email=1 , abgerufen am 05.01.2024.

82 Report 24 vom 27.03.2023.

waltungsgericht Lüneburg erreicht. Aber das Rechtsmittel des Landkreises Aurich bleibt aus. Erneut gab es keine Worte der Entschuldigung gegenüber Vincent.

Ich schreibe den zuständigen Landrat persönlich an[83]:

> *„Der Buchtitel des damaligen Gesundheitsministers Jens Spahn „Wir werden einander viel verzeihen müssen" ist gewiss keine „Einbahnstraße". Wie also stellt sich heute der Landkreis als öffentliche Verwaltung mit Vorbildfunktion eine ehrliche Bitte um Verzeihung gegenüber einem Kind Ihres Landkreises vor, nachdem am 09.09.2020 gleich in doppelter Hinsicht rechtswidrig durch Ihren Landkreis gehandelt wurde, weiterhin durch Schweigen oder durch eine aktive, wohlwollende und sachlich gerechtfertigte Wiedergutmachung?*
>
> *Bitte versetzen Sie sich einmal kurz in die Lage des Kindes am 09.09.2020. Der durch Ihr Gesundheitsamt angerichtete Schaden ist enorm".*

Der Landrat antwortet nicht persönlich. Das hat er offenbar nicht nötig. Keine Bitte um Verzeihung, kein Blumengruß, keine Geste der Entschuldigung. Stattdessen wird mein Brief kurz und knapp an den Kommunalen Schadensausgleich Hannover (KSA) weitergeleitet, eine Art „Entschuldigungsstelle" (rechtlich: kommunale Haftpflichtversicherung). Es wäre einfach gewesen, mit einer kleinen Aufmerksamkeit für den Jugendfeuerwehrmann Vincent, vielleicht mit einer Jahreskarte, mit einem Fußball oder Fußballticket auf ihn zuzugehen. Doch weit gefehlt. Knapp zwei lange Monate dauert die Antwort des KSA, die uns schließlich am 25. Juli 2023 über den Landkreis erreicht[84]:

---

83 Brief an den Landrat des Landkreises Aurich Olaf Meinen vom 31.05.2023.

84 Schreiben des Landkreises Aurich vom 20.07.2023 (Az. III/321-303009-20-200036).

„Um die Angelegenheit kurzfristig abzuschließen, bestünde seitens des KSA die Bereitschaft, ohne Anerkennung einer Rechtspflicht vorbehaltlich jeglicher Einwendungen sowie ohne Präjudiz einen Abfindungsbetrag in Höhe von 3.000,00 € zu zahlen".

Davor steht ein Satz, der das befremdliche Ausmaß des strafrechtlichen Teils des „Falles Aurich" widerspiegelt:

„Darüber hinaus wird bereits jetzt (...) darauf hingewiesen, dass Bedenken bestehen, ob eine hinreichend fachliche Qualifikation der das ärztliche Attest ausstellenden Ärztin, Frau Dr. ... als Fachärztin für Allgemeinmedizin, Chirotherapie und Homöopathie gegeben ist".

Wir schütteln den Kopf über die abstruse Feststellung. Nicht einmal der Name der Fachärztin ist richtig wiedergegeben. Und wieder einmal verfügt ein einfacher Sachbearbeiter ohne medizinischen Fachverstand über das angeblich bessere medizinische Fachwissen. Grotesker geht es kaum.

Wie schofelig können sich ein Landkreis, dessen gewählter Landrat an der Spitze der Verwaltung und seine Organisationen eigentlich noch verhalten? Ist es die Arroganz der Macht oder einfach nur behördliche Unfähigkeit? Offensichtlich beides.

Der „Entschädigung" stimmen Julia und Vincent zu. Mehr ist dazu nicht zu sagen: Es ist ein wenig „Geld", nicht mehr.

Die Entscheidung im Strafverfahren

Abgeschlossen ist der „Fall Aurich" allerdings in strafrechtlicher Hinsicht noch nicht. Denn für den 27. Juli 2023 um 9:00 Uhr hat das Landgericht Aurich die Berufungsverhandlung gegen die Fachärztin anberaumt. Soll der abstruse KSA-

Hinweis auf eine angeblich fehlende *„fachliche Qualifikation"* der Ärztin ein Wink mit dem Zaunpfahl sein? Was wollen uns der schofelige Landkreis bzw. der beauftragte KSA denn damit nun sagen. Übermorgen wissen wir mehr.

Ich fahre also ein drittes Mal nach Ostfriesland, wie immer einen Tag früher. Dieses Mal fährt meine Frau Steffi zur Unterstützung mit. Auch sie ist Ärztin und möchte ihre Kollegin aus Ostfriesland kennen lernen. Außerdem brauchen wir diese Stunden vorher wieder zur rechtlichen Vorbereitung. Spontan laden wir noch unsere 20 Jahre alte Waschmaschine mit ins Auto. Sie läuft nicht mehr. Jan kann Waschmaschinen reparieren. Er ist ein wahrer Könner auf diesem Gebiet. Ihm gelingen die Reparaturen nach kurzer Zeit. Wenn ich es dürfte, würde ich ihm den Meistertitel verleihen.

Abends vorher treffen wir uns erneut in der Hengstforder Mühle im Ammerland. Die Vorzeichen sind jetzt anders. Wir haben das rechtskräftige Urteil aus Oldenburg mit der festgestellten Rechtswidrigkeit der Zwangstestung und der Rechtswidrigkeit der Quarantäne in der Tasche[85]. Daran wird auch das Landgericht im Strafverfahren nichts mehr ändern können. Ein starkes Präjudiz.

Die Stimmung ist überraschend gelöst an diesem warmen Sommertag, auch bedingt durch die ostfriesische Küche des Restaurants. Es regnet dieses Mal auch keine Bindfäden wie damals in Aurich. Wir sitzen im Garten des Restaurants. Neben mir ist ein freier Stuhl für den enormen Aktenstapel. Mittlerweile sind es mehrere „Gürteltiere". Zwei Beweisanträge sind vollständig vorbereitet. Notfalls beantragen wir morgen die Einholung von medizinischen Sachverständigengutachten, wenn der Justiz die Erklärung der Fachärztin und die Zeugenaussage von Julia wieder nicht ausreichen sollte. Wir deklinieren noch einmal alle Einzelheiten und die Eventualitäten auf und ab.

---

85 Vgl. Fußnote 80.

Die Berufungsverhandlung am 27. Juli 2023

Unser dritter Gerichtstermin steht unmittelbar bevor. Das Landgericht Aurich hat seinen Sitz im östlichen Teil des historischen Schlossgebäudes. Gleich nebenan ist das Amtsgericht. In der Nähe sind nur einige wenige Parkplätze, erinnere ich mich. Also fahren wir besser frühzeitig los. Ein Blick in die Tasche. Stapelweise Akten der letzten drei Jahre und die Robe sind dabei. Wir sind die ersten vor dem Gerichtsgebäude. Nach und nach treffen wieder die vielen Freunde und Bekannten der Ärztin ein. Wieder sind es so viele Menschen wie im November des vergangenen Jahres im Amtsgericht. Um 9:00 Uhr ist der vom Verhandlungssaal abgetrennte Zuschauerbereich überfüllt. Es werden weitere Stühle hereingetragen und hinzugestellt. Einige Zuschauer stehen hinten an der Wand. Viele warten draußen. Stefan Dunkmann von Aurich TV hat sich entschuldigen lassen wegen eines auswärtigen Termins. Aber Jürgen ist da mit seiner Kamera. Wieder bin ich unendlich erleichtert.

Der Staatsanwalt begrüßt uns persönlich. Er heißt Herr Lohmann. Er wirkt freundlich und ruhig mit einem offenen Blick. Wieder legen wir alle Akten und Unterlagen auf unseren Verhandlungstisch, die Terminakte, die vorbereiteten Beweisanträge, Papier für Notizen und Mitschriften. Wieder sitzt die Ärztin rechts neben mir. Zweite Runde, zweite Halbzeit, Rückspiel, Berufungsverhandlung, wie auch immer man es einordnet.

Die Vorsitzende Richterin und zwei Schöffen betreten den Sitzungssaal. Einige Zuschauer bleiben sitzen, weil sie vielleicht nicht wissen, dass sich *üblicherweise* alle erheben, wenn Richter den Saal betreten. Ein „alter Zopf" der Obrigkeit, der spätestens seit den vielen Corona-Fehlurteilen unangebracht wirkt, denn Anerkennung haben sich die meisten Gerichte nun wirklich nicht verdient. *„Alle aufstehen, das gehört sich so vor Gericht"*, lauten dennoch die ersten harschen Worte der Richterin. Und weiter an die Zuschauer gerichtet: *„Von den Leuten hinter der Schranke will ich während der gesamten Verhandlung kein Wort hören; wer sich räuspert, hustet, lacht, spricht, wenn ich ein Wort höre, wird diese Person sofort entfernt"*. Später schreibt eine anwesende Journalistin dazu:

> *„So etwas, das kann ich aus eigener Erfahrung sagen, habe ich in dem Ton noch nicht gehört. Schon gar nicht vorbeugend, bevor überhaupt jemand gestört hätte. Dieser Tonfall wurde dann allerdings nicht beibehalten. Sowie sich die Richterin an die Ärztin wendete, wurde ihr Ton höflicher"* [86].

Fast alle der knapp 40 Zuschauer im Saal sind irritiert und erschrocken über dieses seltsam belehrende Entrée der Richterin. Immerhin sind es freie und kluge Menschen ohne Obrigkeitsdenken, die dort aus ihren guten Gründen im Zuschauerbereich sitzen. Mir geht es nicht anders. Die Ärztin wirft mir einen fragenden Blick zu, was nun wieder alles auf uns zukommen wird. Ich will schon mit einer scharfen Rüge eingreifen, da ändert sich überraschend der Tonfall der Richterin. Besser zunächst schweigen, nehme ich mir vor. Keine unnötige Schärfe zu Beginn dieser wichtigen Verhandlung einbringen.

Wie in den meisten Corona-Gerichtsverfahren wird sogleich der enge Prüfungsmaßstab durch das Gericht festgelegt. Es soll im Folgenden <u>nur</u> darum gehen, was die Ärztin während des Untersuchungstermins am 14. September 2020 mit Julia und Vincent festgestellt hat und ob ihre ärztlichen Feststellungen mit dem Inhalt des ausgestellten Attests übereinstimmen, nicht mehr und nicht weniger. Um Coronamaßnahmen oder um den PCR-Test an sich gehe es hier überhaupt nicht, lautet

---

86 Gastautorin Rechtsanwältin Margot Lescaux: https://corona-blog.net/2003/07/28/aerztin-schuetzt-traumatisiertes-kind-urteil-des-amtsgerichts-zum-attest-prozess-wurde-zurueckgezogen/ zu finden über: https://corona-blog.net/, abgerufen am 05.01.2024.

die strenge richterliche Vorgabe. Hier möchte ich am liebsten wieder rügend das Wort ergreifen, aber etwas bremst mich aus. Die Richterin hat sich offenbar auch vorbereitet. Darauf sollte ich besser vorläufig die Verteidigungsstrategie anpassen, um einen möglichen Freispruch nicht zu gefährden, entscheide ich spontan.

Dann ist die Ärztin an der Reihe. Nach ihren Angaben zur Person (verheiratet, erwachsene Kinder, Fachärztin für Allgemeinmedizin, Prüfungsärztin bei der Landesärztekammer, Einkommen … etc.) kommt die erste Frage des Gerichts: *„Wie also ging es Vincent an diesem 14.09.2020“*?.

„Bedrückt, traurig, man merkte dem Kind die Angst und Verzweiflung an“, erläutert die Ärztin ausführlich ihren ersten Eindruck von Vincent. Sie erläutert ihre medizinischen Richtlinien über psychische Traumata, die sie im Rahmen der über einstündigen Untersuchung des Kindes angewandt, deren Kriterien abgefragt und die Ergebnisse dann nach bestem Wissen und Gewissen im dreiseitigen Attest niedergelegt hat. Niemand stört oder unterbricht sie. Über 40 Menschen im Saal hören ihr gebannt zu, auch die Richterin, die beiden Schöffen und der Staatsanwalt. Es ist ein eindrucksvolles Plädoyer für ihre Straffreiheit, genauer dass sie hier als Angeklagte auf dem falschen Platz sitzt. Es ist zusammengefasst die gesamte 15-seitige, in tagelanger gemeinsamer Arbeit verfasste schriftliche Berufungsbegründung, die der Richterin bereits seit einem halben Jahr vorliegt. Mir kommt der Gedanke, dass man diesen Schriftsatz auch hätte verlesen und das Verfahren vorzeitig beenden können. Doch erst wird Julia noch als Zeugin gehört, die alles bestätigt und bekräftigt. Ein zweites Mal lässt ihre Aussage keine Fragen offen. Ihre ruhigen und klaren Erläuterungen, stellvertretend für Vincent, sind beeindruckend.

Es läuft „rund“, spüren alle im Saal. Die Gerichtsverhandlung ist in diesem Moment in ihrer entscheidenden Phase. Die

Beweisaufnahme ist aus der Sicht des Landgerichts beendet, denn nur Julia war als einzige Entlastungszeugin geladen und sie ist soeben auch angehört worden. Doch genügt dies alles dem Berufungsgericht, wenn ja, für welche Entscheidung?

Ich überlege kurz, was mit meinen Beweisanträgen zu machen ist (Einholung von Sachverständigengutachten zur weiteren Entlastung der Ärztin). Hat sich die Ärztin bereits selbst zur Überzeugung des Gerichts genügend entlastet? Soll ich die beiden Beweisanträge noch stellen oder nicht? Ich brauche sie nur aus meiner Akte hervorholen und dem Gericht übergeben. Wir hatten diese Anträge ja gestern im Restaurant Wort für Wort durchgesprochen und für sinnvoll erachtet. Und ja, ich benötige die Anträge für eine eventuelle Revision (dritte Instanz), falls heute auch diese Berufung scheitern sollte. Es ist jetzt keine Zeit mehr für eine Verhandlungsunterbrechung zur erneuten Mandatsbesprechung. Das würde die Situation empfindlich stören.

Ich entscheide mich für eine Zwischenlösung und bitte um ein Rechtsgespräch. „Ich benötige kein Rechtsgespräch und auch kein Gutachten mehr“, lautet die klare Antwort der Vorsitzenden Richterin. Was dann folgt ist und war die schwierigste Entscheidung im gesamten dreijährigen „Fall Aurich“: Beweisanträge ja oder nein, stelle ich sie oder lasse ich sie einfach unerledigt in meinen Akten. Wie Pfeile von unterschiedlichen Seiten schießen mir Gedanken aus allen Richtungen durch den Kopf. Ich spüre die Zuschauer hinter mir. Wieder einmal könnte man eine Stecknadel fallen hören, so still ist es im Gerichtssaal.

Nach wenigen Sekunden setze ich alles auf eine Karte und ziehe das letzte Ass: *„Nein, Frau Vorsitzende, wir stellen keine weiteren Beweisanträge“*. Diese Antwort könnte das Herz Ass gewesen sein, das ich noch im Ärmel hatte, überlege ich noch rasch. Egal, der Verzicht auf die Beweisanträge ist unwiderruflich ausgesprochen.

Die Beweisaufnahme in diesem Strafprozess ist damit beendet.

Das Gericht unterbricht die Verhandlung. Die Schöffen müssen das Attest erst noch lesen, heißt es jetzt. Bereits vorbereitete Abschriften werden für ein sogenanntes „Selbstleseverfahren" verteilt. Wir kennen das Attest ja. Wir müssen die ärztlichen Feststellungen nicht ein weiters Mal lesen. Ich verlasse den Gerichtssaal und nutze die Lesepause für eine Zigarette. Jürgen von Aurich TV ist längst draußen. Wie so oft in den letzten drei Jahren stehen wir zusammen. Er bekräftigt meine Entscheidung mit seiner Sachkunde. Für ihn ist es nicht der erste Prozess, an dem er als Prozessbeobachter teilnimmt.

Wenig später muss ich wieder in den Gerichtssaal. Es folgen die Plädoyers. Ich muss beginnen. Ich beantrage selbstverständlich Freispruch mit unseren bekannten Argumenten. Nach mir plädiert der Staatsanwalt. Die oben erwähnte Journalistin fasst das Plädoyer des Staatsanwalts später sehr treffend zusammen[87]:

> *„Als dieser seinen Vortrag mit „Tjaa" beginnt, war schon eigentlich alles klar. Er erinnerte dann an den Spruch „drei Juristen, drei Meinungen" und sagte, er tue sich schwer mit dem Verfahren. Er monierte dann zwar einige Formulierungen in dem Attest – es schien so, als ob er das Gesicht der Institution Staatsanwaltschaft wahren wollte. Aber das wären nur unglückliche Formulierungen in der Zusammenfassung, nicht das eigentliche Attest. Im Grunde genommen hätte man hier ein Schulbefreiungszeugnis für ein krankes Kind. Und dafür habe sie sich ausreichend Zeit genommen, um die Voraussetzungen festzustellen.*

87 Rechtsanwältin Margot Lescaux a.a.O.

> *Er sah den objektiven Tatbestand nicht als erfüllt an, den subjektiven auch nicht. Und für den Fall, dass das Gericht das anders sehen sollte, hielt er 70 Tagessätze für unangemessen hoch. Damit würde mit Kanonen auf Spatzen geschossen. Schlussendlich beantragte er Freispruch (...)".*

Ich bin perplex und kann es kaum fassen. Werden so die drei Jahre im „Fall Aurich" enden? Verteidigung und Staatsanwaltschaft sind sich ausnahmsweise einig und plädieren unisono auf Freispruch der Ärztin, und das im „Fall Aurich"?

Das Gericht zieht sich unmittelbar danach zur Beratung zurück. Um 11:15 Uhr wird die Urteilsverkündung sein, erklärt die Richterin. Es soll dann ein Urteil folgen und nicht etwa eine Einstellung des Verfahrens oder ein anderer fauler Kompromiss. Wir gehen also erneut in die Verhandlungspause.

Das Prozedere fühlt sich jetzt an, wie eine minutenlange Spielunterbrechung kurz vor dem Ende in einem dramatischen Fußballfinale. *„Das war's, herzlichen Glückwunsch!"*, sagt mir der Kameramann Jürgen spontan beim Pausentee (tatsächlich waren es mehrere Zigaretten). In mir schwirren alle möglichen Gedanken durch den Kopf. Das Bild „Fußballfinale" setzt sich fort. Dabei vergesse ich, dass wir bereits 2:0 führen. Das 1:0 haben wir bereits vor dem Verwaltungsgericht in Oldenburg perfekt verwandelt. Es war ein klar berechtigter Elfmeter, scharf geschossen oben in das linke Eck, unhaltbar für den Torwart des Landkreises Aurich. Das 2:0 war soeben dieses Plädoyer des Staatsanwalts. Ok, es war ein Eigentor, aber dennoch sehr gut für uns verwandelt und unhaltbar für den formschwachen Tormann. Kommt jetzt das 3:0 oder wird es nur ein mäßiges 2:1. und später womöglich der Ausgleich und dann die Niederlage? Nach gefühlt 15 Minuten ist die Pause beendet. Es geht zurück aufs Spielfeld über diese alten Treppenstufen des Schlosses zurück in die Schlossetage, Stufe um Stufe, Schritt für Schritt, eine gefühlte Ewigkeit. Und schon wieder sind alle dort, voller Spannung und Anspannung in diesem ausverkauften Stadion. 50.000 Menschen und mehr erwarten jetzt die finale Entscheidung. Fahnen schwenken durch die Weite des Stadions. Einige in den Kurven singen bereits ihre Lieder, andere beschwichtigen, wiederum andere kalkulieren die Chancen. Was für ein Finale, ruft der Stadionsprecher in seinen Lautsprecher. Eine historische Stimmung. Die Mannschaften sind wieder auf dem Platz. Dann wird der Wiederanpfiff erfolgen. Der Ball rollt erneut. Ein kurzes Durchatmen. Tatsächlich geht es zurück von einem Tagtraum in die Realität.

Es ist nur der Wachtmeister, der zur Urteilsverkündung aufruft. 50 Zuschauer (vielleicht einige mehr) im Gerichtssaal sind höchst gespannt auf die Entscheidung dieses Landgerichts Aurich. Eine Ewigkeit ist vergangen. Jetzt endlich folgt die Urteilsverkündung der 1. Kleinen Strafkammer des Landgerichts Aurich im östlichen Flügel des historischen Schlossgebäudes. Die Anspannung ist kaum noch zu ertragen. Das Gericht betritt den Saal. Ohne Ausnahme stehen jetzt alle. Sofort ist es still wie bei Schweigeminuten. Sie hören stehend das Urteil:

„Im Namen des Volkes ergeht folgendes Urteil[88]*:*

Auf die Berufung der Angeklagten wird das Urteil des Amtsgerichts Aurich vom 07.11.2022 aufgehoben.

Die Angeklagte wird freigesprochen.

Die Kosten des Verfahrens und die notwendigen Auslagen trägt die Staatskasse.

Die letzten Worte der Richterin höre ich nur noch seltsam entfernt. Bei den Worten „wird freigesprochen" schließe ich unweigerlich die Augen und eine Lawine von Steinen bricht von den Herzen, nicht nur bei mir. Ich höre den Freund aus

---

88 Urteil des Landgerichts Aurich vom 27.07.2023 (Az. 12 Ns 310 Js 18125/21 (5/23) – rechtskräftig.

meiner Skatrunde sagen: *„3:0 und das ohne Gegentor"*. *„Gott sei Dank"* sage ich zu mir selbst, *„es war tatsächlich dieses Herz Ass"*.

Noch im Gerichtssaal brandet Applaus und Jubel auf. Das Gericht ruft hilflos zur Ordnung. Einige haben Tränen in den Augen. Einige Frauen und Männer weinen.

In diesem Moment steuert der dreijährige „Fall Aurich" im Gerichtssaal des Schloss Aurich auf sein Ende zu. Jürgen Wieckmann, der Kameramann bittet uns wenig später voller Stolz zur finalen Filmsequenz für Aurich TV. Er filmt pure Erleichterung[89]. Das war ein echtes Finale, notiere ich später.

Diese Momente der Erleichterung, aber auch der Nachdenklichkeit teilen nahezu alle im Rahmen einer anschließenden Feierstunde im nahe gelegenen italienischen Restaurant. Es ist im wahrsten Sinne des Wortes eine lange Feier- und Jubelstunde. Hier sitzen sie alle zusammen, die Ärztin und ihr Ehemann, Julia, Jan, meine Frau Steffi, Jürgen mit seiner Kamera, die vielen Freunde, Unterstützer, beste Freunde, die Prozessbeobachter, Interessierte, frei von der Staatsanwaltschaft, ohne Richter, vor allem ohne die beiden Herren vom Gesundheitsamt, ohne Wachtmeister, ohne Kontrollen und ohne Masken.

Ein „Hintertürchen" hat die Staatsanwaltschaft noch offen, sie könnte Revision einlegen. Aber das werden sie schon nicht machen, teile ich meine Überlegungen mit anderen. Sie würde dann ja den eigenen Antrag auf Freispruch konterkarieren.

Später laden uns die Ärztin und ihr Ehemann zu einem Kaffee zu Hause ein. Steffi verbringt eine Zeit mit ihr zusammen in ihrer Praxis. Sie lernen sich kennen und schätzen. Immer noch ist die Erleichterung für uns alle vier in jeder Sekunde

---

89 Aurich TV (Jürgen Wieckmann): Vgl. https://youtu.be/Uc-wHOwG6vk , abgerufen am 05.01.2024.

dieser zwei befreiten schönen Stunden spürbar, befreit von Irrsinn und „Un-Sinn".

Es wird ein langer Abend unzähliger Gespräche, dieser 27. Juli 2023. Schon bald ist Aurich TV fertig mit dem Bericht aus dem Gerichtssaal, von Jürgen gekonnt geschnitten und aufgenommen direkt vor dem Auricher Landgericht. Wie ein Lauffeuer erreicht der Bericht noch am Abend jeden Internetwinkel des Landes – bundesweit und weiter [90].

Das seltsame Wesen „Presse"

Am nächsten Tag setzt sich die gute Laune fort. Wir alle sind natürlich neugierig und schlagen die lokalen Zeitungen auf. Wir trauen unseren Augen nicht. Steht doch tatsächlich dort noch die Schlagzeile *„Gefälligkeits-Attest": Ärztin freigesprochen* [91]. Hat nicht am Tag zuvor das Landgericht Aurich festgestellt, dass es gerade kein „Gefälligkeits-Attest" war? Das ist dreist und infam. Auch das andere lokale Blatt kann einen bösen „Seitenhieb" nicht lassen: Am Ende des Artikels [92] *„Erst verurteilt, jetzt freigesprochen"* findet sich ohne Zusammenhang der Satz: *„Zudem war sie* (die angeklagte Ärztin) *auch bei Aktionen der Querdenker-Bewegung in Aurich aufgetreten"*. Die seltsamen Artikel wie aus einer anderen Welt nehmen uns zwar nicht die Erleichterung und die Freude über den Freispruch. Aber was bitte hat die Formulierung *„Gefälligkeits-Attest"* jetzt noch in der Überschrift dieser Lokalpresse zu suchen. Wir lesen im Pressekodex des Deutschen Presserats nach. Dort sind die

---

90 Vgl. Fußnote 82.

91 Ostfriesen Zeitung 28.07.2023, Seite 17.

92 Ostfriesische Nachrichten 28.07.2023, Seite 5 (Lokales).

ethischen Standards für journalistische Arbeit zu finden[93]. In den scheinbar bis heute gültigen Richtlinien heißt es unter der Ziffer 2 (Sorgfalt):

Recherche ist unverzichtbares Instrument journalistischer Sorgfalt. Zur Veröffentlichung bestimmte Informationen in Wort, Bild und Grafik sind mit der nach den Umständen gebotenen Sorgfalt auf ihren Wahrheitsgehalt zu prüfen und wahrheitsgetreu wiederzugeben. Ihr Sinn darf durch Bearbeitung, Überschrift oder Bildbeschriftung weder entstellt noch verfälscht werden (...).

Und schon wieder haben wir diese Journalisten bei einem groben Sorgfaltsverstoß gegen ihre ureigenen Richtlinien ertappt. Denn „Wahrheitstreue" hätte hier anders aussehen müssen. Das Beispiel ist nur ein einziges von Hundertausenden, ja von Millionen anderer Beispiele während der Corona-Jahre ab 2020. Es könnte stellvertretend in die Archive zur historischen Aufarbeitung aufgenommen werden, vielleicht unter die Rubrik: „Psychologie der Massen"[94]: Die manipulative Rolle der Mainstream-Journaille 2023.

Abschied

Meine Frau Steffi und ich verbringen nach der gelungenen Strafverhandlung unsere Urlaubswoche in Ostfriesland zusammen mit Vincent, Leon, Mira, Jan und Julia. Die freie Woche war von vornherein geplant. Es stört nicht einmal, dass

93 Der Deutsche Presserat ist die Freiwillige Selbstkontrolle der Print- und Onlinemedien in Deutschland. Er tritt für die Einhaltung ethischer Standards und Verantwortung im Journalismus ein sowie für die Wahrung des Ansehens der Presse (vgl. Homepage des Deutschen Presserats. Trägerverein des Deutschen Presserats e.V. Fritschestraße 27/28 in 10585 Berlin).

94 Vgl. Gustave Le Bon: Psychologie der Massen (1895).

es heftig windet und regnet, dann aber auch voller Sonne ist auf dem gemeinsamen historischen Wikingerfest am Deich in Norddeich oder an unserem vorletzten Tag allein auf der Insel Langeoog. Ich war zuletzt im Kinderheim dort. Es sind jetzt erneut diese wertvollen Zeiten der Gedanken an früher. Steffi und ich finden unsere Zeit, Ostfriesland weiter zu erkunden: Krummhörn und Greetsiel mit den beiden Zwillingsmühlen, davon die grüne Mühle mit dem schönsten Café der Erinnerungen, ein Blick in die Greetsieler Backsteinkirche, der Rundgang durch den Hafen und die Krabbenfischerflotte, der Pilsumer Leuchtturm bei Starkregen, später die Stadt Norden, das Timmeler Meer und seine Kanäle, die Landschaft mit Ruhe. Ostfriesland eben.

Und auch Vincent ist wie ausgewechselt. Voller Stolz zeigt er uns sein Zimmer und seine Errungenschaften. Schule ist für ihn wieder schöner Alltag. Er ist Klassenbester und sowieso Feuerwehrmann. Auch Leon und Mira laden uns in ihr Reich der Kinderzimmer ein. Es ist wie ein Bilderbuch, das diese Familie selbstlos für uns aufmalt und sich tief in unsere Erinnerungen eingräbt. Die Handlung des Falles Aurich begann und sie endet in Ostfriesland.

Abends fährt uns Jan im Boot durch die Kanäle. Die fortgeschrittene Uhrzeit ist ihm gleichgültig. Vincent fährt mit uns. Julia denkt noch an warme Decken, bevor wir ablegen. Wir passieren friedliche Häuser am Kanal gelegen und die Unterkunft, die ich anlässlich meiner zweiten Fahrt nach Ostfriesland nutzen konnte, bevor das Verwaltungsgericht in Oldenburg vor einigen Wochen verhandelte. Es ist eine Bootsfahrt der Erinnerungen und der Erleichterung. Es ist nicht mehr das Karussell der letzten drei Jahre. Jan lässt das Boot geschickt und sanft durch das Wasser gleiten. Der „Fall Aurich" ist gelöst. Auf einem ostfriesischen Kanal irgendwo zwischen Wasser, Himmel und Erde beende ich meinen „Fall Aurich". Ich höre nur noch entfernt, wie Jan von alten Zeiten des Lockdowns im Hafen des Kanals berichtet und dass allen freien Menschen dort im Jahr 2020 die behördlichen Anordnungen gleichgültig waren. Nur der Landrat wollte sie damals vergeblich verjagen.

Am nächsten Morgen wird ein wundervoll angerichtetes gemeinsames Frühstück mit Ostfriesen-Tee und Kluntje ein Stück Abschied von diesen drei Jahren. Wie mag es in drei oder sechs Jahren sein für diese Kinder voller Liebe und Elan? Julia hält für uns Schutzengel bereit, die sie uns schenkt. So steht diese dritte eindrucksvolle Fahrt nach Ostfriesland kurz vor ihrem Ende. Doch es wäre nicht der „Fall Aurich", hätte er nicht seine Besonderheiten, selbst in Abschiedsmomenten.

Denn plötzlich ist Jan verschwunden. An sich wollen wir jetzt fahren. Die Zeit drängt leider etwas und einige hundert Kilometer liegen vor uns. Zurück über Leer, Oldenburg, irgendwo ist Bielefeld, über Paderborn und Warburg, schlussendlich nach Hofgeismar in Nordhessen. So lautet der Plan. Doch von Jan keine Spur. Eben war er doch noch beim Frühstück dabei. Es soll doch bitte keine Abreise ohne eine Verabschiedung von allen sein, sagen wir uns. Noch einmal ein Blick auf den Kanal und über das Wasser. Die Kinder sind bereits in der Schule. „Lass uns jetzt besser losfahren", sage ich zu Steffi mit Blick auf die innere Uhr. Wir gehen zum Auto.

Na also, da steht auch Jan, bemerken wir erleichtert. Und neben ihm steht ein uralter „Freund". Wie konnten wir den vergessen, fällt es uns wie Schuppen von den Augen. Es ist unsere alte Waschmaschine. „Sie läuft wieder", sagt Jan. „Es waren nur ein paar Handgriffe". Abends malt Steffi mit rotem Edding auf die Frontseite der reparierten Waschmachine:

„Jan löppt".

Die Revision der Staatsanwaltschaft

Die Sommerwochen entspannen sich zunehmend. Es wird merklich ruhiger im Büro. Wir bereiten unsere nächste Afrika-Reise vor. Ich nehme mir vor, das erste Manuskript des „Falles Aurich" in Namibia zu vollenden und setze meine Aufzeichnungen fort. Ich hatte ja mit Vincent begonnen.

Am 18. August 2023 wird meinem Büro das schriftliche Urteil des Landgerichts Aurich zugestellt. Heutzutage geschieht dies nur noch elektronisch. Auf 14 eng beschriebenen Seiten, die ich mir sofort ausdrucke, führt die Vorsitzende Richterin zusammengefast aus, dass das ärztliche Attest, das in seiner Gesamtheit zu bewerten ist und nicht auf die Schlussfolgerungen auf der letzten Seite reduziert werden darf, dass also das Attest nicht unrichtig ist. Damit ist es richtig, lautet der Umkehrschluss. Die Ärztin hat alles richtig gemacht.

Und schon wieder folgt eine dieser Besonderheiten: Fast übersehen hätte ich in diesem Moment das dazugehörende Anschreiben des Justizangestellten des Landgerichts und schlage erschrocken die Hände über den Kopf zusammen. „Die förmliche Zustellung erfolgt an „Sie", nachdem die Staatsanwaltschaft rechtzeitig Rechtsmittel eingelegt hat", steht dort. Das darf nun wirklich nicht wahr sein. Ich lese diesen zweiten Halbsatz mehrfach. Der Text verschwindet nicht. Es steht dort tatsächlich. Ein Telefonat mit der freundlichen Justizangestellten des Landgerichts Aurich bestätigt die seltsame Nachricht: „Ja, die Staatsanwaltschaft hat am 31. Juli 2023 Revision eingelegt und für die Begründung hat sie noch eine Woche Zeit".

Es wird eine lange Woche. Ich informiere die Ärztin, Julia und Jan. Erneut beginnt bei allen diese „Achterbahn" der Gefühle. „Weshalb und mit welchen Folgen muss es jetzt auch noch diese dritte Instanz geben und dann womöglich vor dem Oberlandesgericht Oldenburg", fragen sie gleichermaßen erschrocken. „Eine Revision gegen den eigenen Antrag auf Freispruch"? Das klingt widersprüchlich und ist kaum zu verstehen. Nur schwer finden wir uns damit ab, dass der „Fall Aurich" damit noch nicht zu Ende ist, eben ein Fall mit Besonderheiten. Doch was bitte soll denn in der Revisionsbegründung noch stehen? Das Urteil des Landgerichts ist eindeutig und frei von Rechtsfehlern.

Die Ungeduld treibt mich jetzt an. Ich zähle die Tage runter. Eine knappe Woche später rufe ich wieder in Aurich an. Besetzt. Minuten später folgt der nächste Versuch. Endlich meldet sich die Geschäftsstelle des Landgerichts. Ich nenne das Aktenzeichen und rechne mit wenig Erfolg meiner telefonischen Anfrage. Doch die freundliche Justizangestellte hat den Aktenvorgang sofort parat. Gut sortiert, denke ich. *„Die Staatsanwaltschaft Aurich hat die Revision zurückgenommen"*, heißt es am anderen Ende der Leitung. Mir fällt fast der Hörer aus der Hand. Wie schon im Juli nimmt die Erleichterung in wenigen Sekunden erneut an Fahrt auf. Etwas später wird mir das amtliche Bestätigungsschreiben übersandt.

Unmittelbar danach greife ich zum Hörer und rufe ein weiteres Mal in Ostfriesland an, jetzt bei der Ärztin. Sie muss diese Nachricht sofort wissen. *„Sie ist heute Vormittag nicht in der Praxis"*, heißt es. Doch es wird nicht erst Nachmittag. Wenig später ruft sie voller Spannung zurück. Ich berichte ihr, dass der „Fall Aurich" endgültig abgeschlossen ist und ab jetzt nicht weiter zu befürchten ist. Es wird eines dieser längeren Gespräche. Wie dankbar sie über die Nachricht ist, wird schon nach wenigen Sätzen spürbar. Sie erzählt von ihrer großen Anspannung in der letzten Woche, die sich selbst auf ihre Tiere übertragen hat. Wir sprechen noch einmal über die Verhandlung im Juli und über das Urteil des Landgerichts. Wie eine unsichtbare Wolke schwebt über dem gesamten Telefongespräch das befreiende Wort „Rechtskraft". Es bleibt also für immer bei dem Freispruch. Zum Ende sagt sie in klaren Worten: *„Von dem Schicksal der Strafverfolgung bin ich jetzt endlich befreit"*.

Fazit

1. Der Staatsanwaltschaft Aurich ist es gelungen, trotz erdrückender Beweise das rechtswidrige Vorgehen des Landkreises Aurich als „straffrei" für ihre Mitarbeiter darzustellen. Diese von der Politik weisungsgebundene Behörde der Staatsanwaltschaft[95] behauptet bis heute, der Vorfall am 9. September 2020 in der „Unfreien" Waldorfschule Aurich und die Verletzungen zum Nachteil von Vincent seien keine strafrechtlich zu verfolgende Körperverletzung im Amt gewesen. Ein Schelm, wer Böses dabei denkt. Ob dazu eine entsprechende politische Weisung aus der niedersächsischen Landeshauptstadt Hannover kam, kann ich nur vermuten. Der Jurist und Ministerpräsident Stephan Weil ist mir dazu eine ehrliche Antwort schuldig. Ich bin gespannt, ob er mir eines Tages antwortet.

---

95 Zur Diskussion über die fragwürdige politische Weisungsgebundenheit der Staatsanwaltschaften: LTO Legal Tribune Online: https://www.lto.de//recht/justiz/j/drb-deutscher-richterbund-weisungsrecht-justizminister-staatsanwaelte/ , vgl. auch: „Denken Sie daran, dass die Staatsanwälte nicht unabhängig sind, sondern den Weisungen des Justizministeriums unterstehen. Ich bin der Auffassung, wir brauchen unabhängige Staatsanwälte, denn solange sie ihrem Justizminister unterstehen und der Justizminister sie direkt oder durch Karriereentzug anweisen kann, Strafverfahren einzuleiten oder einzustellen oder Strafanzeigen in der Schublade zu halten, haben wir keine unabhängige Justiz und keine funktionierende Rechtspflege" (Dr. Hans-Georg Maaßen in: The Epoch Times 29.12.2023).

2. Mit einer rechtlich höchst fragwürdigen Rückendeckung des Oberlandesgerichts Oldenburg durch die Richter Vulhop, Leemhuis und Dr. Hunsman vom 1. Strafsenat hat jedenfalls diese Staatsanwaltschaft Aurich im übertragenen Sinn versucht, statt des „Brandstifters" diejenige strafrechtlich zu verfolgen, die den „Brand" mit angezeigt hat bzw. und genauer kraft ihres Berufs mit anzeigen musste, eine engagierte Fachärztin mit langer Berufserfahrung und höchster Kompetenz. Die Opfer sollten damit zu Tätern werden. Das aber ist der Staatsanwaltschaft misslungen. Die Ärztin wurde in zweiter Instanz freigesprochen. Ihr Attest war richtig.

3. Dank eines fachkundigen und emphatischen Einzelrichters am Verwaltungsgericht Oldenburg kam nach zweieinhalb Jahren die Wendung im „Fall Aurich". Mit einfacher Logik und Sachverstand wurden die Zwangstestung und die anschließende Isolation („Absonderung") eines 9-jährigen Kindes durch das Verwaltungsgericht Oldenburg für rechtswidrig erklärt. Das gibt einen kleinen Schimmer rechtlicher Hoffnung in die Unabhängigkeit der Gerichte, auch wenn in anderen Bundesländern andere mutige Richter für wohlüberlegte gerichtliche Entscheidungen sogar strafrechtlich sanktioniert werden[96]. Ein zermürbender dreijähriger Verwaltungsrechtsstreit auf einem neuen juristischen Niveau hat sich im Fall Aurich zumindest an einem Punkt ausgezahlt:

---

96 Vgl. Fall Richter Christian Dettmar aus Weimar: https://www.lto.de/recht/hintergruende/h/lg-erfurt-2kls542js1149821-urteil-familienrichter-weimar-rechtsbeugung-hintergruende/
Mit überzeugender Kritik gegen das Fehlurteil des Landgerichts Erfurt: https://netzwerkkrista.de/2023/12/15/nur-ein-schwaecheanfall-der-justiz-noch-einmal-das-urteil-des-landgerichts-erfurt-gegen-christian-dettmar/, beides abgerufen am 05.01.2024.

Es gab seitdem in ganz Deutschland keine Zwangstestungen mehr in dieser Art an unschuldigen Kindern[97].

4. Richter Drosten vom Amtsgericht Aurich war gewiss der juristische und menschliche Tiefpunkt im gesamten dreijährigen „Fall Aurich". Sein strafrechtliches Fehlurteil, das viele Prozessbeobachter als pure Rechtsbeugung werteten, hat die kleine Strafkammer des Landgerichts Aurich schlussendlich aufgehoben und die Ärztin von dem Vorwurf einer Straftat freigesprochen. Glück gehabt? Nein. Es wurde Recht gesprochen. Der Richterin des Landgerichts und ihren beiden Schöffen blieb aufgrund des Sachverhalts nichts anders übrig, auch nachdem das Verwaltungsgericht Oldenburg zuvor die „Wende" im Namen des Volkes verkündet hatte. Ebenfalls „Im Namen des Volkes" wurde die Ärztin freigesprochen und von dem Schicksal der Verfolgung Unschuldiger erlöst.

5. Ich persönlich brauchte im Ergebnis keine drei Verteidiger. Ich hatte Jan und Julia an meiner Seite.

Und wie geht es eigentlich Vincent?

97 Soweit dies dem Verfasser bekannt ist.

Epilog – Teil 1

Ich bin es den Lesern und Interessierten an dieser Stelle schuldig, von dem Schluss des „Aufsatzes" zu berichten, den Vincent mir in diesen Tagen zugeschickt hat [98]. Er selbst nennt es „Aufsatz". Natürlich ist es mehr als nur ein „Aufsatz". An dieser Stelle fehlen mir die treffenden Worte, diese weitsichtigen Gedanken des Kindes zu kommentieren. Vincent beschreibt die drei beschwerlichen Jahre nach jenem 9. September 2020:

> *„Meine Eltern haben einen Anwalt gesucht, um das Gesundheitsamt zu verklagen. Wir wurden sogar etwas berühmt über Aurich TV bei YouTube.*
>
> *Mir tat es echt gut, dass ich sehen konnte, dass es noch mehr Menschen gibt wie unsere Familie. Die nicht einfach alles mit sich machen lassen und es haben uns auch viele liebe Menschen geschrieben.*
>
> *Die Zeit war aber auch bisschen schwer. Mit den Schulen, den Gerichten und den Leuten, die wir sonst gut kannten, die auf einmal nicht mehr „Moin" zu uns gesagt haben, weil wir keine Maske getragen haben.*
>
> *Aber die Zeit und der Aufwand haben sich gelohnt.*
>
> *Mit Christian Knoche haben wir den Kampf gewonnen.*
>
> *Danke Christian!*
> *Von Vincent".*

98 Vgl. Fußnote 21.

Epilog – Teil 2

Auch Großvater hatte sich nichts gefallen lassen. Vor mir liegt sein kleiner silberner Brieföffner. Er trägt das blaue Wappen der Stadt Leer. Wie oft hat er damit seine Briefe geöffnet in den Kriegsjahren in Ostfriesland oder später, wenn endlich die Luftpostbriefe seiner Tochter aus Afrika in Leer oder später in Hannover eintrafen. Es waren diese federleichten Briefe auf einem dünnen blauen Papier. Wir durften sie alle lesen, die langen ärztlichen Berichte aus Äthiopien. Oder er las sie mit Stolz der Familie vor. Und anschließend legte er den Brieföffner an einen festen Platz in der mittleren Schublade seines alten Schreibtisches. Damit öffnete er Erinnerungen und Gedanken. Das Wappen des Brieföffners steht fortan für meinen Helden Vincent.

Nachwort [99]

Ich danke meiner lieben Frau Dr. Stephanie Knoche für ihre Geduld und ihre wertvolle Hilfe bei der Vollendung dieses Buches in Namibia. Meine große Anerkennung gilt Vincent und seiner Familie. Die mutige Ärztin aus Ostfriesland möchte namentlich nicht erwähnt werden. Ihr zu danken, ist mir gleichwohl ein ganz besonderes Anliegen. Und dank Stefan Dunkmann und Jürgen Wieckmann, dem Kameramann von Aurich TV, wurde es überhaupt erst möglich, dass der „Fall Aurich" die so wichtige überregionale Beachtung fand. „Für den, den es angeht", lautet der juristische Satz. Die Mitwirkenden sind hiermit notiert.

99 Verfasst in Namibia im Oktober 2023.

Dr. Christian Knoche (geboren 1958 in Hannover / Niedersachsen) ist freiberuflich als Rechtsanwalt tätig. Nach seiner Promotion an der Georg-August-Universität Göttingen im deutschen Strafvollzugsrecht führte er bis Ende 2023 seine eigene Anwaltskanzlei in Hessen mit den Tätigkeitsschwerpunkten Arbeitsrecht und Familienrecht. Er ist Gründungsmitglied der Anwälte für Aufklärung e.V. mit Sitz in Berlin. Seit 2020 hat er zahlfreiche Mandate aus dem sog. "Corona-Recht" übernommen und erfolgreich zu Ende geführt. Der spektakulärste Fall ist in diesem Buch aufgeschrieben:

"Vincent. Der Fall Aurich".

www.ingramcontent.com/pod-product-compliance
Lightning Source LLC
La Vergne TN
LVHW101922220826
846093LV00009B/337

9783903479142